PETIT DICTIONNAIRE DES ÉCRIVAINS

PETIT DICTIONNAIRE DES ÉCRIVAINS

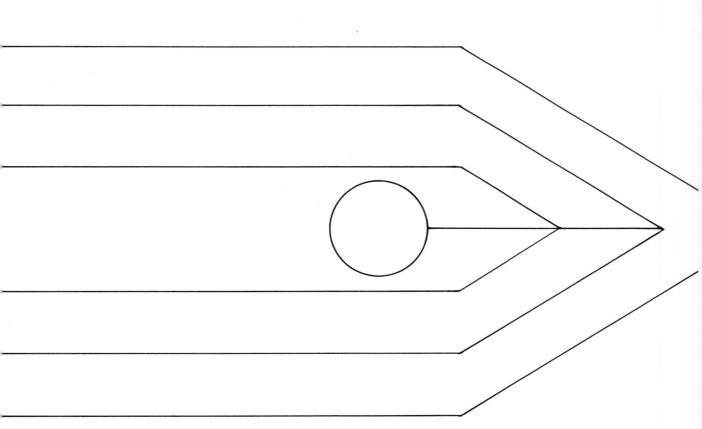

UNION DES ÉCRIVAINS QUÉBÉCOIS

Nous remercions Madame Rollande Vachon
des Archives nationales du Québec de sa
précieuse collaboration.

Nous remercions également Louise Anaouïl,
Pierre Des Ruisseaux, Hélène Ouvrard et
particulièrement Michèle Mailhot ainsi
qu'Yves Beauchemin pour leur contribution
à la réalisation de cet ouvrage.

Photos des documents d'archives:
Ministère des Communications du Québec

Conception graphique: Michèle Devlin

Dépot légal — Deuxième trimestre 1979
Bibliothèque nationale du Québec

ISBN 2-920088-00-9

Écrire, c'est accomplir un acte secret, intime, difficile, agréable, et parfois magique. Publier, c'est se retrouver nu sur la place publique. Les écrivains réagissent différemment à ces deux tensions. Les uns, comme Réjean Ducharme, se font rares et solitaires; d'autres, comme Claude Jasmin, sont toujours au milieu de la bagarre, solidaires.

Écrire, au Québec, c'est partir à la recherche souvent déçue de quelques milliers de lecteurs: la population du Québec n'est pas infinie et les amateurs de littérature de tous les petits pays lisent *aussi*, et avec raison, un peu de littérature étrangère. Cela ne laisse guère de place.

Mais dans les pays populeux, la France ou les U.S.A., par exemple, aucun écrivain ne peut sentir, comme le perçoivent les écrivains québécois, qu'il fait partie d'une aventure collective et fragile dont il est un élément essentiel. Mieux encore: notre pays existe d'abord et avant tout par les mots. Le texte original de la constitution québécoise, c'est le français qui nous constitue, justement. Cette langue sera toujours au centre nerveux de nos désirs de société.

C'est pour assumer la dimension sociale du travail de l'écrivain que l'Union a été fondée le 21 mars 1977, premier jour du printemps. Cette dimension sociale, c'est à la fois l'insertion de l'écrivain dans les mouvements culturels et la défense de son assiette financière: le poète vit aussi de pain.

L'idée d'un regroupement des écrivains pour défendre leurs droits économiques et moraux n'était pas nouvelle. Il existait, par exemple, depuis de nombreuses années, une «Société des écrivains canadiens», mais elle avait vieilli, au point de ne plus beaucoup intéresser les écrivains actifs. Je me souviens aussi d'un Syndicat des écrivains que nous avions formé dans les années soixante et du discours ému que nous fit alors Marcel Pépin dans les locaux de la C.S.N.! Hélas, le Président de la Centrale syndicale n'était pas plus réaliste que les membres de l'éphémère organisation: chaque écrivain avait trop de patrons (les éditeurs) dans trop de pays. Comment alors négocier, à talent inégal et réputations diverses, une «convention collective»? Le Syndicat fut un feu de paille. Tant mieux.

Il y eut plusieurs autres tentatives d'associer les écrivains; certains se rappelleront le FREQ, ce «Front des écrivains québécois» plus politique que professionnel. Mais nous achoppions justement chaque fois sur les problèmes politiques (lisez: l'indépendance du Québec et toutes les nuances de la souveraineté) qui divisaient en factions la centaine d'écrivains que nos efforts auraient dû réunir.

On dit que les poètes pressentent les événements. Sans nous accorder d'antennes à prospective, l'on peut s'amuser de la coïncidence qui fit qu'en septembre 1976, trois mois avant la victoire du poète Gérald Godin sur l'économiste Robert Bourassa, une première assemblée *ad hoc* d'écrivains, réunis autour de la table de la Rencontre québécoise internationale, déclara qu'il était temps de fonder une «union» pour la promotion de la littérature et des intérêts professionnels. Cette belle unanimité se fit parce que l'assemblée accepta de laisser la politique au vestiaire. Ce soir du 13 septembre, Pierre Morency, André Major et moi passâmes de la parole au texte et ainsi, par voie de résolution, naquit ce projet d'union.

7

Quelques semaines plus tard, pour vérifier la volonté du milieu, se tint (dans les caves de la Société Radio-Canada, avec la complicité tacite de nombreux amis) une réunion de fondation qui se choisit des objectifs et un bureau de direction provisoire: les trois précités auxquels se joignirent Hubert Aquin et Jacques Brault.

Plus de cinquante écrivains avaient déjà versé une cotisation de $100.00 chacun pour se donner les outils d'organisation nécessaires. Inutile, je crois, d'épiloguer sur les nombreuses réunions, listes, sollicitations, supputations et manipulations qui furent notre lot pour organiser la réunion officielle de création de l'Union des écrivains québécois (charte du Québec en proue), vent dans les voiles.

Mais il rôdait, ce soir du 21 mars 1977, une sorte de tristesse agressive: l'un des nôtres, Hubert Aquin, que nous aimions, et qui de plus avait travaillé à mettre l'Union sur pied, se suicidait à peine une semaine avant l'assemblée et nous laissait par-delà la mort un message: «L'UNEQ j'y crois, il faut continuer...»

Nous étions plusieurs ce soir-là à croire que la solitude qui avait amené Hubert Aquin à la mort (aussi bien le chômage que l'incapacité d'écrire), sans se résoudre par la création d'une Union des écrivains, aurait pu au moins en être adoucie. Car *tous* les écrivains vivent, à un moment ou l'autre, l'angoisse de l'impuissance d'écrire qu'ils croient souvent à tort définitive.

L'Union donc se choisit un bureau de direction: Nicole Brossard, André Major, Pierre Morency, Marcel Godin que remplacera Jean-Marie Poupart quelques mois plus tard et un président. Le recrutement nous avait amené 72 membres. Nous voulions en réunir une centaine. Nous sommes aujourd'hui, le 21 mars 1979, 188. Cela s'explique à la fois par la nécessité (le besoin crée l'organe), mais aussi par le travail incessant et l'imagination positive des membres, du bureau de direction, de son secrétariat aussi qui, s'il est formé de deux poètes plutôt abstraits, Jean Yves Collette et Michel Gay, n'en est pas moins le service le plus concret et le plus efficace que j'aie vue dans mes nombreuses entreprises d'action sociale.

Aussi l'indépendance relative que nous accordent les cotisations des membres permet à l'Union de ne pas *dépendre* des subventions gouvernementales. Pourtant nous travaillons, aussi bien avec le Ministère des Affaires culturelles qu'avec le Conseil des Arts du Canada à la réalisation de certains programmes. Empruntant à un prospectus je cite pour information:

- Créer et maintenir un secrétariat permanent.
- Élaborer et négocier un contrat d'édition qui satisfasse les droits des écrivains.
- Représenter les membres auprès de l'Association des éditeurs et des pouvoirs publics.
- Offrir aux membres des services administratifs, juridiques et de relations avec le public.
- Assurer des rapports suivis avec le monde de l'enseignement, des média, des bibliothèques, des librairies, ainsi qu'avec les autres associations d'écrivains.

- Favoriser les échanges internationaux et accueillir les écrivains étrangers de passage.
- Négocier avec les organismes responsables les avantages sociaux essentiels.
- Créer et gérer un fonds de secours.
- Organiser des conférences, des débats et des rencontres professionnelles aussi bien au Québec qu'à l'étranger.

De plus l'Union travaille à établir des relations d'affaires entre les écrivains et les éditeurs. Trop souvent en effet les relations amicales ou *bona fide* se font au détriment de l'auteur. Or, contrats, perception des droits, informations fiscales, légales, défense des droits civils, de la liberté d'expression, propositions de salariat, et le reste, ont amené un certain nombre de journalistes à parler de corporatisme et à s'émouvoir de rencontrer des gens qui veulent écrire pour une rémunération. Les journalistes, en somme, seraient les seuls prosateurs qui auraient droit au salaire!

Pour nous, *la part de la littérature ne se paye pas, c'est l'expression d'une liberté totalement assumée. Mais quand cette littérature devient l'objet d'un commerce, nous croyons qu'il convient d'en retirer le juste bénéfice.* Les livres font vivre des éditeurs, des imprimeurs, des maquettistes, des typographes, des relieurs, des distributeurs, des camionneurs, des manutentionnaires, des secrétaires, des téléphonistes, des postiers, des libraires, des commis, des démarcheurs, des professeurs, j'en passe et je n'oublie pas les journalistes affectés aux pages ou aux émissions littéraires et les fonctionnaires de la culture. Il ne faudrait pas que l'écrivain dans tout cela soit laissé pour compte.

L'Union ne regroupe pas *tous* les écrivains. On ne retrouvera donc pas dans ce dictionnaire le farouche André Langevin — ce qui ne lui enlève aucun talent — ni Réjean Ducharme qui avait promis son adhésion puis a dû oublier de la poster. D'ailleurs ni l'un ni l'autre, je crois, ne consentent facilement à se déplacer pour rencontrer des lecteurs ou donner des conférences... inutile d'insister. De tout récents membres n'apparaissent pas non plus dans cette première édition du **Petit dictionnaire des écrivains**. Ce sera donc pour la deuxième édition. Nous avons reçu des gouvernements une aide financière pour produire ce «dictionnaire». Nous croyons qu'il sera utile aux étudiants, aux professeurs, aux animateurs et à tous ceux qui veulent rapidement consulter un ouvrage bio-bibliographique des écrivains québécois vivants, d'Anaouïl (Louise) à Wallot (Hubert).

C'est dans cette perspective (historique) que nous prions les lecteurs de l'utiliser. Des écrivains vivants: il s'agit ici d'auteurs qui ont publié au moins un livre depuis dix ans. Certains sont très jeunes. D'autres ont des poches sous les yeux. Mais tous sont conscients d'appartenir à une histoire de la littérature qui, comme le disait Gilles Marcotte à propos du roman, est à *se faire*. Et nous n'oublions pas, non plus, que ce sont les lecteurs de talent qui seuls font vivre les œuvres.

Jacques Godbout

Affiche pour **Un simple soldat** de Marcel Dubé.
Fonds d'archives de la Nouvelle compagnie théâtrale,
Archives nationales du Québec.

Louise ANAOUÏL

Kèro

«Née depuis 1953, traces les plus visibles étant: cartes plus et moins perforées, photos fini glacé, adresses périmées, lits défaits refaits, cendriers bondés, lettres d'ici de là, bol à café collant, sac à dos d'été, logements rafraîchis, baux expirés, kilomètres avalés, linge d'hiver vidé, livres dévorés, disques rayés, tout ça *silver machine*, cadrans démontés, lampe allumée, l'opale en juillet, nom trouvé, alors biographie toujours en vie...»

Raminagradu a obtenu le Prix M.-C. Daveluy en 1974 et le Prix de Littérature de jeunesse du Conseil des Arts du Canada en 1975.

Raminagradu, histoires ordinaires pour enfants extraordinaires. (Écrit sous le nom d'Aylwin), Coll. «Tout âge», Montréal, Éd. du Jour, 1975. 96 p.: ill.

Gilles ARCHAMBAULT

Kèro

Naît à Montréal le 19 septembre 1933. Réalisateur depuis 1963 à la radio de la Société Radio-Canada, il anime une émission sur le jazz. Chroniqueur de musique de jazz au journal **Le Devoir**, Gilles Archambault est également depuis 1974 chroniqueur humoristique au magazine **L'Actualité**. En 1970 il entreprend la scénarisation de **L'exil** de Thomas Vamos pour le compte de l'Office national du film. Par ailleurs, un de ses romans, **La fleur aux dents**, est porté à l'écran, également par l'Office national du film, et il écrit **La vie devant...** qui sera l'objet de quatre dramatiques de la série «Scénario» diffusée à la télévision de Radio-Canada. En 1978, il fonde une maison d'édition avec François Ricard et Jacques Brault.

Une suprême discrétion, roman. Montréal, CLF, 1963. 158 p.
La vie à trois, roman. Montréal, CLF, 1965. 178 p.
Le tendre matin, roman. Montréal, CLF, 1969. 146 p.
Parlons de moi; récit complaisant, itératif, contradictoire et pathétique d'une autodestruction, roman. Montréal, CLF, 1970. 204 p.
La fleur aux dents, roman. Montréal, CLF, 1971. 238 p.
Enfances lointaines, nouvelles. Montréal, CLF, 1972. 120 p.

Une discothèque de base: musique classique, jazz, pop-rock. En coll. avec Jacques Thériault et Pyer Gingras, Montréal, Leméac, 1973. 242 p.

La fuite immobile, roman. Montréal, l'Actuelle, 1974. 170 p.

Le tricycle; Bud Cole blues, pièces radiophoniques. Montréal, Leméac, 1974. 79 p.

Les pins parasols, roman. Montréal, Quinze, 1976. 158 p.

Stupeurs, proses. Montréal, Éd. du Sentier 1979. 80 p.

Bernard ASSINIWI

Né à Montréal le 31 juillet 1935, Bernard Assiniwi détient un baccalauréat en agriculture (spécialisé en génétique animale) de l'Université de Guelph (1957). Recherchiste, rédacteur, publicitaire, il a été, entre autres, directeur du Théâtre de la Place (Place Ville-Marie, à Montréal), au milieu des années soixante, directeur fondateur de la section culturelle du Ministère des Affaires indiennes et du Nord, de 1965 à 1968, directeur des relations avec le public, dans une maison d'édition, avant de travailler à la Société d'aménagement de l'Outaouais et plus tard à la Société Radio-Canada où il se trouve toujours à titre de reporter et d'animateur.

Anish-Nah-Bé, contes adultes du pays algonkin. En coll. avec Isabelle Myre, Montréal, Leméac, 1971. 105 p.: ill.

Sagana, contes fantastiques du pays algonkin. En coll. avec Isabelle Myre, Montréal, Leméac, 1972. 115 p.: ill.

Recettes indiennes et **Survie en forêt**. Publié séparément sous les titres: **Recettes typiques des Indiens** et **Survie en forêt**, Montréal, Leméac, 1972. 328 p.: ill.

Recettes typiques des Indiens. Montréal, Leméac, 1972. 167 p., 9 p.: ill.

Survie en forêt. Montréal, Leméac, 1972. 170 p.: ill.

Survival in the Bush. Trad. anglaise, (titre original: **Survie en forêt**), Toronto et Montréal, Copp Clark Pub. Co., 1972. 158 p.

À l'indienne, textes radiophoniques. Montréal, Leméac/Éd. Ici Radio-Canada, 1972. 206 p.: musique, portr.

Indian Recipes. Trad. anglaise, (titre original: **Recettes typiques des Indiens**), Toronto et Montréal, Copp Clark Pub. Co., 1972. 161 p.: ill.

Lexique des noms indiens en Amérique. 2 vol., Montréal, Leméac, 1973. 143 p., 166 p.

Les Iroquois, livre pour enfants. En coll. avec John Fadden, Montréal, Leméac, 1973. 47 p.: ill. (part. en coul.).

Makwa, le petit Algonkin, livre pour enfants. En coll. avec John Fadden, Montréal, Leméac, 1973. 47 p.: ill. (part. en coul.).

Chasseurs de bisons, livre pour enfants. En coll. avec John Fadden, Montréal, Leméac, 1973. 47 p.: ill. (part. en coul).

Sculpteurs de totems, livre pour enfants. En coll. avec John Fadden, Montréal, Leméac, 1973. 47 p.: ill. (part. en coul.).

Histoire des Indiens du Haut et du Bas Canada. 3 vol., Montréal, Leméac, 1973-1974. 151 p., 166 p., 189 p.: ill.

Le bras coupé, roman. Montréal, Leméac, 1976. 209 p.

Roger-Paul AUGER

Né à Saint-Boniface (Manitoba) le 15 juin 1949. À l'âge de 17 ans, Roger-Paul Auger commence à travailler au Cercle Molière. Il obtient un B.A. du Collège de Saint-Boniface en 1970. La même année, il découvrira le Québec et obtiendra, en 1972, un baccalauréat en philosophie de l'Université Laval. Jusqu'en 1977, il lutte «de loin ou de près pour la cause des Franco-Manitobains», tout en occupant le poste de directeur adjoint du Centre culturel de Saint-Boniface (1972-73) et, plus tard, celui d'administrateur du Cercle Molière (1974-75). Trois de ses pièces furent créées à Saint-Boniface: **Je m'en vais à Régina** (1975), **John's Lunch** (1976), et **V'la Vermette** (1978). En janvier 1977, le Cercle Molière présentait sa traduction de **The Ecstasy of Rita Joe** de George Ryga. 1977 fut aussi l'année du «retour d'exil»: il a réintégré le pays de son grand-père.

Les éléphants de tante Louise, théâtre pour enfants. Saint-Boniface, Éd. du Blé, 1974. xii-49 p.

Je m'en vais à Régina, théâtre. Montréal, Leméac, 1976. xxx-83 p.

Germain BEAUCHAMP

Kèro

Né à Montréal le 30 juillet 1946, Germain Beauchamp complète des études en philosophie avant de s'intéresser à l'alchimie. Comédien, metteur en scène, improvisateur et animateur, il a travaillé avec l'Organisation Ô, la troupe Olfac et a signé, entre autres, la mise en scène de **Prenez-vous et aimez-vous** d'après **Inès Pérée et Inat Tendu** de Réjean Ducharme. Germain Beauchamp est membre du Cercle de psychologie analytique de Montréal.

La messe ovale, poésie. Montréal, Éd. du Jour, 1969. 96 p.
Le livre du vent quoi, poésie. Montréal, Éd. du Jour, 1973. 119 p.
Transformation. En coll., Montréal, Éd. de l'Aurore, 1978. 166 p.

Yves BEAUCHEMIN

Kèro

«Né en 1941 à Noranda (Québec). Études classiques au collège de Joliette. Obtient en 1965 une licence ès lettres de l'Université de Montréal. Puis: un peu d'enseignement, une chronique humoristique dans une revue (maintenant décédée), deux ans chez un éditeur montréalais, beaucoup de temps consacré à l'écriture. Depuis 1969, recherchiste à Radio-Québec. 1970: scénarisation et réalisation d'un moyen métrage: **Burlex**. 1970: publication de **L'enfirouapé**, roman qui obtient l'année suivante le Prix France-Québec. Ensuite: textes pour des revues, pour des journaux, pour la radio, sans oublier la naissance d'un fils et l'achat d'une maison victorienne qui l'oblige à un vigoureux retour aux choses concrètes. En préparation: deux romans et un infractus du myocarde.»

Y.B.

L'enfirouapé, roman. Montréal, La Presse, 1974. 257 p.

Marguerite BEAUDRY

Kèro

Née le 5 avril 1926 à Québec. Marguerite Beaudry termine ses études en philosophie à l'Université de Montréal en 1958. Après un début de carrière en chant et 5 années de service social, elle obtient un diplôme de la même université en création littéraire. Le Père Ernest Gagnon et Robert Élie la convainquent d'écrire. Deux ans plus tard, elle visite Paris et la Provence où elle se découvre francophone à part entière. Elle est actuellement rédactrice en chef à **Ici Radio-Canada Télévision. Québec français** publiait son **Autoportrait** en octobre 1978. Elle mentionne discrètement: «l'énergie cosmique me fait vivre... »

Tout un été l'hiver, roman. Montréal, Quinze, 1976. 179 p.
Debout dans le soleil, roman. Montréal, Quinze, 1977. 156 p.

Michel BEAULIEU

Kèro

«Eh bien voilà: je suis né à Montréal peu après minuit le 31 octobre 1941, jour des sorciers que l'on passe au bûcher, à l'Hôpital Sainte-Jeanne-d'Arc. De mes études classiques au Collège Jean-de-Brébeuf, je retiens surtout que je puis encore lire le latin dans le texte. Mon père étant ingénieur et grand amateur d'art, deux de ses frères — Paul V. et Louis Jaque — étant eux-mêmes des peintres, il allait de soi que je me mette à écrire dès mes 12 ans et que je sois toujours incapable de dessiner. Je n'ai connu l'existence de la poésie qu'à 15 ans et mes premiers auteurs ont été québécois: Garneau, Giguère, Grandbois, les premières plaquettes de l'Hexagone, celles d'Erta, celles d'Orphée. Je suis certainement l'un des lecteurs de poésie les plus assidus du Québec. Malgré des activités apparemment dispersées — il faut bien vivre — celle-ci a toujours été au cœur de mes préoccupations et il ne se passe guère de journée sans que j'en lise durant au moins une heure. C'est pourquoi, n'ayant à peu près jamais quitté mon pays sinon pour deux séjours en Louisiane, quelques semaines en Europe, plusieurs pointes du côté des États-Unis ou du Canada, et une tornade lointaine dans les Antilles, je puis affirmer que j'ai beaucoup voyagé tant à travers le temps qu'à travers l'espace. Pour le reste? Eh bien, je ne crois pas que ça doive être livré à qui que ce soit bien que certaines dates soient, comme on dit, du domaine public.»

M.B.

Pour chanter dans les chaînes, poésie. Montréal, Éd. La Québécoise, 1964. 80 p.

Le pain quotidien, poésie. Avec sept dessins à l'encre de Jean McEwen. Montréal, Éd. Estérel, 1965. 96 p.

Trois, poésie. En coll. avec Nicole Brossard et Micheline de Jordy, Sommaire: **Ballades et satires**, par Michel Beaulieu. Montréal, Les Presses de l'AGEUM, 1965. 91 p. (pp. 9-35).

Apatride, poésie. Eaux fortes de Roland Pichet. Montréal, Éd. Estérel, 1966. 46 ff. (dans une couverture), 10 planches en coul.

Mère, poème. 9 bois gravés de Roland Pichet. Montréal, Éd. Estérel, 1966. 22 ff.

Érosions, poésie. Montréal, Éd. Estérel, 1967. 57 p.

X, récit. Montréal, chez l'Obscène Nyctalope, 1968. 64 p.

0:00, poésie. Montréal, Éd. Estérel, 1969. 80 p.

Je tourne en rond mais c'est autour de toi, roman. Montréal, Éd. du Jour, 1969. 179 p.

Charmes de la fureur, poésie. Montréal, Éd. du Jour, 1970. 75 p.

Sous-jacences, poésie. Sérigraphies de Roland Pichet. Montréal, chez l'artiste, 1970. 16 f. (dans une chemise), 10 planches en coul.

Paysage, précédé de **Adn**, poésie. Montréal, Éd. du Jour, 1971. 100 p.

La représentation, roman. Montréal, Éd. du Jour, 1972. 198 p.

Pulsions, poésie. Montréal, l'Hexagone, 1973. 58 p.

Variables, poésie. Montréal, PUM, 1973. 110 p.

Sylvie Stone, roman. Montréal, Éd. du Jour, 1974. 177 p.

FM: lettres des saisons III, poésie. Saint-Lambert, Éd. du Noroît, 1975. n.p.

Le «flying dutchman», poésie. Préface de Claude Beausoleil, Montréal, Éd. Cul-Q, 1976. n.p.

Anecdotes, poésie. Encres de Louise Thibault. Saint-Lambert, Éd. du Noroît, 1977. 63 p.

L'octobre, suivi de **Dérives**, poésie. Montréal, l'Hexagone, 1977. 78 p.

Indicatif présent, poésie. Montréal, Éd. Estérel, 1977. 48 p.

Le cercle de justice, poésie. Montréal, l'Hexagone, 1977. 95 p.

Montréal perdu, iconographie. Trad., (titre original: **Lost Montreal**, de Luc d'Iberville-Moreau), Montréal, Quinze, 1977. 184 p.

Comment ça va?, poésie. Montréal, Éd. Cul-Q, 1978. 32 p.

Familles, poésie. Montréal, Éd. Estérel, 1978. 60 p.

Oratorio pour un prophète, poésie. Montréal, Éd. Estérel, 1978. 12 p.

Amorces, poésie. Montréal, Éd. Estérel, 1979. 16 p.

Oracle des ombres, poésie. Saint-Lambert, Éd. du Noroît, 1979.

Civilités, poésie. Montréal, Éd. Estérel, 1979.

Desseins, poésies 1959-66. Montréal, Éd. de l'Hexagone, 1979.

Luc A. BÉGIN

Kèro

Né à Montréal le 7 octobre 1943. Maître ès arts (français) de l'Université McGill, il poursuit en 1970 sa scolarité de doctorat aux université de Montpellier (France) et McGill. Enseignant, journaliste et éditeur, Luc A. Bégin a publié jusqu'à présent quatre ouvrages de création.

L'Abitibien-outan suivi de **L'Ariane**, parodies. Montréal, Éd. Miniatures, 1966. 87 p. 87 p.
Le firmament trop cru, poésie. Montréal, Éd. Aquila, 1971. 53 p.
Vertiges, poésie. Montréal, Éd. Aquila, 1972. 70 p.
Depuis silence, poésie. Montréal, Hurtubise/ HMH, 1977. 67 p.

Marcel BÉLANGER

Kèro

Marcel Bélanger est né le 5 juin 1943 à Berthierville. Après avoir obtenu une licence en lettres à l'Université Laval en 1968, il a poursuivi ses études à l'Université d'Aix-en-Provence qui lui a décerné une maîtrise et un doctorat en 1972. Actuellement professeur et coanimateur des Éditions Parallèles, il a été directeur de **Livres et Auteurs québécois** de 1975 à 1978 et responsable de la section poésie de la même revue.

Pierre de cécité, poésie. Montréal, Éd. Atys, 1962. 64 p.
Prélude à la parole, poésie. Montréal, Déom, 1967. 73 p.
Plein-vent, poésie. Montréal, Déom, 1970. 73 p.
Saisons sauvages, poésie. Dessins de Roland Bourneuf. Sainte-Foy, Éd. Parallèles, 1976. 32 p.
Fragments paniques, poésie. Sainte-Foy, Éd. Parallèles, 1978. 89 p.
Infranoir, poésie. Sainte-Foy, Éd. Parallèles/ l'Hexagone, 1978.

Michel BÉLIL

Michel Bélil est né à Magog, dans les Cantons de l'Est, le 27 mai 1951. Après des études en histoire à l'Université Laval, il travaille de 1974 à 1978 comme professeur de français, langue seconde, auprès du gouvernement fédéral. Ce travail l'amènera à séjourner un an à Gander (Terre-Neuve), un an à Halifax et deux ans à Ottawa. Il étudie présentement l'italien et la traduction. Collaborateur à la revue de science-fiction et de fantastique **Requiem** depuis plus de trois ans, il y a publié six contes fantastiques. C'est un fervent philatéliste et grand amateur de contes et légendes du Québec.

Le mangeur de livres, contes. Montréal, CLF, 1978.

Romain BELLEAU

La Presse

Né le 7 août 1946 à l'Ancienne-Lorette, Romain Belleau est licencié en lettres de l'Université Laval (1970). Il a fait de l'enseignement et a été employé de bureau. Il vit actuellement à Saint-Dizier, en France.

Les rebelles, roman. Montréal, Éd. du Jour, 1975. 207 p.

Gérard
BERGERON

Kèro

Né à Charny le 31 janvier 1922, Gérard Bergeron est codirecteur de la **Revue canadienne de science politique** qu'il fonda en 1968. Il a étudié à l'Université Columbia de New-York, ainsi qu'à Genève et Paris où il a obtenu son doctorat en science politique (1949). Depuis 1950, il est professeur dans cette discipline et a fait de nombreux séjours d'enseignement et de recherches en France. Les prix qui lui ont été décernés témoignent de l'excellence de ses travaux: le Prix de thèse de l'Université de Paris en 1965, le Prix du Gouvernement du Québec en sciences humaines (1966) et le Prix Montcalm en 1968.

Problèmes politiques du Québec: répertoire bibliographique des commissions royales d'enquêtes présentant un intérêt spécial pour la politique de la province de Québec, 1940-1957. En coll., Montréal et Québec, Institut de recherches politiques de la Fédération libérale provinciale, 1957. xiii-218 p.

Fonctionnement de l'État, thèse. Préface de Raymond Aron, Québec et Paris, PUL/Armand Colin, 1965. vii-660 p.: ill.

Du Duplessisme au Johnsonisme, 1956-1966 suivi de **À l'écoute du diapason populaire** (par Lionel Ouellet), histoire. Montréal, Parti Pris, 1967. 470 p.

Le Canada français après deux siècles de patience, histoire. Paris, Éd. du Seuil, 1967. 280 p., carte.

Ne bougez plus! Portraits de 40 politiciens de Québec et d'Ottawa, essai. Montréal, Éd. du Jour, 1968. 223 p.

Du Duplessisme à Trudeau et à Bourassa, 1956-1971, histoire. Éd. revue et augm. de **Du Duplessisme au Johnsonisme, 1956-1966**, Montréal, Parti Pris, 1971. 631 p.

La guerre froide inachevée; rétrospective 1945-1962; expectative 1963-1970; prospective 1974... Préface de John W. Holmes, Montréal, PUM, 1971. xiv-315 p.

La gouverne politique, essai. Paris et Québec, Mouton/PUL, 1977. 264 p.: diag.

L'indépendance: oui, mais..., essai. Préface de Pierre Turgeon, Montréal, Quinze, 1977. 198 p.

Ce jour-là... le Référendum, essai. Introd. de Jean Blouin, Montréal, Quinze, 1978. 256 p.

Louky
BERSIANIK

Kèro

Koumic, le petit esquimau, conte. Ill. en coul. de Jean Letarte. Montréal, C.P.P., 1964. 48 p.

La montagne et l'escargot, conte. Ill. en coul. de Jean Letarte. Montréal, C.P.P., 1965. 48 p.

Le cordonnier mille-pattes, conte. Ill. en coul. de Jean Letarte. Montréal, C.P.P., 1966. 48 p.

Togo, apprenti-remorqueur, conte. Ill. en coul. de Jean Letarte. Montréal, C.P.P., 1966. 48 p.

L'euguélionne, roman triptyque. Montréal, La Presse, 1976. 399 p.

La page de garde, poème. Ill. d'un embossage de Lucie Laporte. St-Jacques-le-Mineur, Éd. de la Maison, 1978.

Née à Montréal le 14 novembre 1930, Louky Bersianik a obtenu une maîtrise ès art en 1952, puis a terminé sa scolarité de PhD à l'Université de Montréal. Elle a aussi obtenu un diplôme supérieur de musique, un diplôme de bibliothéconomie et de bibliographie et un diplôme de linguistique appliquée. Elle a fait de nombreux stages d'études en radio-télévision et en cinéma. Elle a été scénariste, recherchiste et auteur de textes pour diverses émissions à la Société Radio-Canada. Elle a obtenu le Prix de la Province, section jeunesse, en 1966, pour **Togo, l'apprenti-remorqueur**. Journaliste, elle a collaboré à **Cité libre, Le Devoir, Le quartier latin** et **Affrontement** (Paris). Elle est l'auteur d'une pièce pour enfants intitulée **La nuit des indiens** (inédite) et de trois téléthéâtres.

André BERTHIAUME

Kèro

Né à Montréal le 15 mai 1938, André Berthiaume est maître ès arts de l'Université de Montréal (1961) et docteur en lettres de l'Université d'Orléans-Tours (1969). Professeur de littérature française et québécoise au département des littératures de l'Université Laval, il est coanimateur des Éditions Parallèles (Sainte-Foy) depuis l'automne 1977, ainsi que directeur de la revue **Livres et Auteurs québécois** depuis le printemps 1978. Le Prix du Cercle du livre de France lui a été décerné, en 1966, pour son roman **La fugue**.

La fugue, roman. Montréal, CLF, 1966. 133 p.

Contretemps, nouvelles. Montréal, CLF, 1971. 130 p.

La découverte ambiguë: essai sur les récits de voyage de Jacques Cartier et leur fortune littéraire. Montréal, CLF, 1976. 207 p.

Le mot pour vivre, nouvelles. Sainte-Foy et Montréal, Éd. Parallèles/Parti Pris, 1978. 204 p.

Gérard BESSETTE

Kèro

Né à Sabrevois le 25 novembre 1920, Gérard Bessette obtient son doctorat ès lettres de l'Université de Montréal en 1950. Il poursuit, depuis 1947, une carrière de professeur de français dans plusieurs universités canadiennes: Saskatchewan, Royal Military College, Queen's, Laval et Duquesne de Pittsburgh aux États-Unis, parallèlement à une œuvre littéraire où se côtoient la poésie, l'essai et le roman. Parmi les distinctions que lui ont méritées ses œuvres, il faut mentionner le Prix du Gouverneur général, en 1966, pour son roman **L'incubation**. Il obtient une seconde fois ce prix, en 1971, pour **Le cycle**. Gérard Bessette est membre de la Société royale du Canada depuis 1966.

Poèmes temporels. Monte Carlo et Montréal, Éd. Regain/Éd. du Jour, 1954. 59 p.

La bagarre, roman. Montréal, CLF, 1958. 231 p.

Le libraire, roman. Paris et Montréal, Julliard/CLF, 1960. 173 p.

Les images en poésie canadienne-française, essai. Montréal, Beauchemin, 1960. 282 p.: tabl.

Les pédagogues, roman. Montréal, CLF, 1961. 309 p.

Not for Every Eye, roman. Trad. anglaise de Glen Shortliffe (titre original: **Le libraire**), Toronto, MacMillan of Canada, 1963. 98 p.

Anthologie d'Albert Laberge. Montréal, CLF, 1963, xxxv-310 p.

L'incubation, roman. Montréal, Déom, 1965. 178 p.

Incubation, roman. Trad. anglaise du précéd. de Glen Shortliffe, Toronto, MacMillan of Canada, 1967. 143 p.

De Québec à Saint-Boniface; récits et nouvelles du Canada français. Textes choisis et annotés, Toronto, MacMillan of Canada, 1968. x-286 p.

Une littérature en ébullition, essai. Montréal, Éd. du Jour, 1968. 315 p.

Histoire de la littérature canadienne-française par les textes; des origines à nos jours, anthologie historique. En coll. avec Lucien Geslin et Charles Parent, Montréal, CEC, 1968. 704 p.: ill., portr.

Le cycle, roman. Montréal, Éd. du Jour, 1971. 212 p.

Trois romanciers québécois, essai. Montréal, Éd. du Jour, 1973. 240 p.

La commensale, roman. Montréal, Éd. Int. A. Stanké/Quinze, 1975. 155 p.

The Brawl, roman. Trad. anglaise de Marc Lebel et Ronald Sutherland, (titre original: **La bagarre**), Montréal, Harvest House, 1976. 230 p.

Les anthropoïdes, roman. Montréal, La Presse, 1977. 296 p.

Skandal v knihkupectvi, roman. Trad. tchèque d'Eva Janovkova, (titre original: **Le libraire**), Prague, Odeon, 1974. 118 p.

Inkubace, roman. Trad. tchèque d'Eva Pilarova, (titre original: **L'incubation**), un volume comprenant quatre autres romans québécois: **Pet kanadshy**, Prague, Odeon, 1978. pp. 155-261.

Julien BIGRAS

François Leclaire

Né au Québec en 1932. Après un doctorat en médecine de l'Université de Montréal et une certification en psychiatrie, il poursuit sa formation psychanalytique à Paris de 1960 à 1963. De retour au Québec, il est chargé de recherches au département de psychiatrie de l'hôpital Sainte-Justine jusqu'en 1967, puis devient directeur de l'enseignement et de la recherche au Département de l'enfance de l'Institut Albert Prévost, poste qu'il occupera jusqu'en 1971. Membre de plusieurs sociétés psychanalytiques, dont celle de Paris, il est aussi correspondant de la revue **Études Freudiennes**, et fait partie de l'Association des écrivains de langue française (Paris). Chaque année il fait quelques voyages à Paris où il donne une ou deux conférences et travaille avec des psychanalystes et des auteurs français qui sont devenus des amis: Serge Leclaire, Conrad Stein, Henry Bauchau, Jeanne Cordelier. Rédacteur en chef de la revue **Interprétations** jusqu'à son interruption en 1972, il en devient le directeur lors de sa reprise en 1978. Il est également directeur de la collection «Lectures» des Presses de l'Université de Montréal, depuis 1977.

Les images de la mère. Paris et Montréal, Hachette et Interprétation, 1971. 192 p.

Gute Mutter — Böse Mutter, (Das Bild des Kindes von der Mutter). Trad. allemande de **Les images de la mère**, coll. «Psyche des Kindes», Munich, Kindler Verlag, 1975. Verlag, 1975.

L'enfant dans le grenier. Montréal, Éd. Parti Pris, 1976. 110 p.

L'enfant dans le grenier. Version nouvelle et augmentée, Paris, Hachette, 1977. 216 p.

Jacques BLAIS

Kèro

Né à Québec le 22 avril 1937, Jacques Blais est présentement codirecteur, avec Joseph Bonenfant, de la collection «Vie des lettres québécoises» aux P.U.L. Docteur ès lettres de l'Université Laval, Jacques Blais fait partie depuis 1960 du comité de rédaction des revues **Recherches sociographiques, Études littéraires** et **Livres et auteurs québécois**. Il est responsable de la section «poésie» du **Dictionnaire des œuvres littéraires du Québec** publié sous la direction de Maurice Lemire.

Textes pour la recherche et l'explication, essai. En coll. avec P. Langlois et A. Mareuil, Montréal, HMH, 1967. 352 p.

Saint-Denys Garneau, essai. Montréal, Fides, 1971, Dossiers de la documentation sur la littérature canadienne-française, no 7, 65 p.: ill.

Vivre au Québec, essai. Édité en coll. avec Jacques Cotnam et Robert Dickson, 2 vol., Toronto, Mc Clelland and Stewart, 1972. Ill.

Saint-Denys Garneau et le mythe d'Icare, essai. Préface de Marc Eigeldinger, Coll. «Profils», Sherbrooke, Éd. Cosmos, 1973. 140 p.: ill.

Présence d'Alain Grandbois avec quatorze poèmes parus de 1956 à 1969, essai. Coll. «Vie des lettres québécoises», Québec, PUL, no 11, 1974. viii-260 p., 19 f de planches: ill., portr.

De l'ordre et de l'aventure: la poésie au Québec de 1934 à 1944, essai. Coll. «Vie des lettres québécoises», Québec, PUL, no 14, 1975. x-411 p.

Dictionnaire des œuvres littéraires du Québec. Tome I: Des origines à 1900. En coll. avec Maurice Lemire, Nine Voisine et Jean Du Berger, Montréal, Fides, 1978. 918 p.: ill., fac-sim., portr.

Marie-Claire BLAIS

D'une famille québécoise de milieu modeste, Marie-Claire Blais naît à Québec en 1939. C'est dans l'est de cette ville qu'elle fait ses études et écrit à 17 ans son premier roman qui sera publié en 1959, **La belle bête**. Ce roman est devenu un classique dans les maisons d'enseignement du Québec et d'ailleurs. Il a été traduit en anglais, en italien et en espagnol. Un ballet fut créé d'après ce livre par le Ballet national du Canada, à Toronto, en 1976.

Depuis ce premier livre, Marie-Claire Blais a publié une vingtaine d'ouvrages. Toutes ses œuvres sont traduites en anglais, quelques-unes en d'autres langues.

Marie-Claire Blais s'est mérité plusieurs prix internationaux et nationaux dont le Prix France-Québec et le Prix Médicis, en 1966, pour **Une saison dans la vie d'Emmanuel**, et le Prix du Gouverneur général, en 1967, pour ses **Manuscrits de Pauline Archange**. Elle fut membre de jurys littéraires, tant au Canada qu'en France et aux États-Unis.

Après de longs séjours à l'étranger — sept ans à Cape Cod, quatre ans en France — Marie-Claire Blais réside maintenant au Québec, plus précisément à Montréal et dans les Cantons de l'Est.

La belle bête, roman. Québec, ILQ, 1959. 214 p.

Mad Shadows, roman. Trad. anglaise de Merloy Lawrence, (titre original: **La belle bête**), Boston, Little, Brown, 1960. 125 p.

Tête blanche, roman. Québec, ILQ, 1960. 205 p.

Tête blanche, roman. Trad. anglaise de Charles Fullman, Boston, Little, Brown, 1961. 136 p.

Le jour est noir, roman. Montréal, Éd. du Jour, 1962. 121 p.

Pays voilés, poésie. Préf. de C. Moeller, Québec, Garneau, 1963. 44 p.

Existences, poésie. Québec, Garneau, 1964. 51 p.

Une saison dans la vie d'Emmanuel, roman. Montréal, Éd. du Jour, 1965. 128 p.

A Season in the Life of Emmanuel, roman. Trad. anglaise de Derek Coltman, Introd. de Edmund Wilson, (titre original: **Une saison dans la vie d'Emmanuel**), New York, Farrar, Strauss and Giroux, 1966. ix-145 p.

Scwarzer Winter, roman. Trad. allemande de Orka Brigitte Fischer, (titre original: **Une saison dans la vie d'Emmanuel**), Cologne, Kiepenheuer & Wirsch, 1966.

L'insoumise, roman. Montréal, Éd. du Jour, 1966. 120 p.

David Sterne, roman. Montréal, Éd. du Jour, 1967. 127 p.

The Day Is Dark, roman, suivi de **Three Travelers**, récit. Trad. anglaise de Derek Coltman, (titre original: **Le jour est noir** et **Les voyageurs sacrés**), New York, Farrar, Strauss and Giroux, 1967. 183 p.

L'exécution, pièce en deux actes. Montréal, Éd. du Jour, 1968. 118 p.

Manuscrits de Pauline Archange, roman. Montréal, Éd. du Jour, 1968. 127 p.

Les voyageurs sacrés, récit. Publié pour la première fois dans les **Écrits du Canada français**, no 14, 1962. Montréal, HMH, 1969. 111 p.

Vivre! Vivre!, roman. Tome II des **Manuscrits de Pauline Archange**. Montréal, Éd. du Jour, 1969. 170 p.

Les apparences, roman. Tome III des **Manuscrits de Pauline Archange**. Montréal, Éd. du Jour, 1970. 202 p.

The Manuscripts of Pauline Archange, roman. Trad. anglaise de Derek Coltman, (titre original: **Les manuscrits de Pauline Archange**), New York, Farrar, Strauss and Giroux, 1970. 217 p.

Mad Shadows, roman. Trad. anglaise de Merloy Lawrence, Introd. de Naim Kattan, (titre original: **La belle bête**), Toronto et Montréal, McClelland and Stewart, 1971. 125 p.

Le loup, roman. Montréal, Éd. du Jour, 1972. 243 p.

Un joualonais sa joualonie, roman. Montréal, Éd. du Jour, 1973. 300 p.

David Sterne, roman. Trad. anglaise de David Lobdell, Toronto, McClelland and Stewart, 1973. 92 p.

À cœur joual, roman. Édition orig. publiée sous le titre de **Un joualonais sa joualonie**, Paris, Éd. R. Laffont, 1974. 300 p.

Fièvre et autres textes dramatiques. Montréal, Éd. du Jour, 1974. 228 p.

The Wolf, roman. Trad. anglaise de Sheila Fischman, (titre original: **Le loup**), Toronto, McClelland and Stewart, 1974. 142 p.

Une liaison parisienne, roman. Montréal, Éd. Int. A. Stanké/Quinze, 1975. 175 p.

L'océan suivi de **Murmures**. Montréal, Quinze, 1977. 166 p.: ill.

Les nuits de l'Underground, roman. Montréal, Éd. Int. A. Stanké, 1978. 267 p.

Dominique BLONDEAU

Les visages de l'enfance, roman. Montréal, l'Actuelle, 1970. 191 p.

Demain, c'est l'Orient..., roman. Montréal, Leméac, 1972. 202 p.

Que mon désir soit ta demeure, roman. Montréal, La Presse, 1975. 262 p.

L'agonie d'une salamandre, roman. Montréal, Éd. Libre Expression, 1979.

Michèle BLOUIN

Kèro

Michèle Blouin est née à Québec le 6 novembre 1941. Elle a terminé ses études de droit à l'Université de Montréal en 1974 et est membre du Barreau du Québec. Intéressée par l'histoire de l'art, l'histoire des civilisations et l'anthropologie, elle visite, à l'âge de dix-neuf ans, quelque onze pays d'Europe centrale. Son besoin d'élargir ses horizons et de connaître les gens (elle possède un D.E.C. en sciences humaines) la mène chaque année vers quelque nouveau pays: la Grèce, les Indes, le Maroc, le Mexique, etc. Elle a fait l'adaptation de son roman **Le jardin de Cristina** pour l'émission «Premières» de Radio-Canada.

Le jardin de Cristina, roman. Montréal, Éd. de l'Odyssée, 1977. 164 p.

Denis BOUCHARD

Né le 10 janvier 1925 à Saint-Joseph-de-la-Rive, Denis Bouchard est docteur ès lettres de l'Université Laval. Il a écrit de nombreux essais littéraires et artistiques, la plupart inédits, sa «philosophie étant d'écrire et de remanier plus que de contacter les maisons d'édition». Ainsi, il affirme que «l'écriture est d'abord et avant tout pour soi, et la publication des œuvres une chose désirable mais pas vraiment essentielle». Il fut boursier Fulbright aux États-Unis où il fit son service militaire. Naturalisé américain en 1953, il devint quelques années plus tard interprète au Département d'État. Redevenu citoyen canadien en 1975, Denis Bouchard est professeur titulaire de langue et littérature française à l'Université de Toronto.

Vagabond du blizzard. Paris, Éd. Saint-Germain-des-Prés, 1968.
Destination: le vent. Paris, Éd. Saint-Germain-des-Prés, 1970.
Une lecture d'Anne Hébert: la recherche d'une mythologie, essai. Montréal, Hurtubise/HMH, 1977. 242 p.

Louise BOUCHARD

Janine Carreau

Louise Bouchard est née à Montréal en 1949. Elle fait ses études au Collège Saint-Laurent puis à l'Université de Montréal où elle obtient un baccalauréat en lettres françaises (1972) suivi d'une maîtrise ès arts (1976). À partir de 1973, elle enseigne au CEGEP de Rosemont. Louise Bouchard collabore à diverses revues dont **La barre du jour** et les **Cahiers de théâtre Jeu**. Codirectrice de **La nouvelle barre du jour** depuis novembre 1978, elle a publié la même année un premier recueil de textes, **Des voix la même**.

Des voix la même. Montréal, NBJ, 1978. 38 p.

Denise BOUCHER

Jeannot Petit

Née le 12 décembre 1935 à Victoriaville, Denise Boucher est à la fois «journaliste, skieuse de fond, conférencière, parolière (de Pauline Julien et Louise Forestier), auteur dramatique et poète.» Le féminisme a inspiré toute son œuvre et particulièrement sa pièce **Les fées ont soif**, créée au TNM, à Montréal, en 1978.

Retailles. En coll. avec Madeleine Gagnon, Montréal, l'Étincelle, 1978.
Cyprine. Montréal, l'Aurore, 1978.
Les fées ont soif, théâtre. Montréal, Intermède, 1978.

Yvon BOUCHER

Ronald Maisonneuve

Né à Montréal le 26 mars 1946. Romancier, directeur de la revue **Le Québec littéraire** et de la collection «Écritures» au Cercle du Livre de France, Yvon Boucher est aussi critique et essayiste. Il collabore activement à divers journaux et revues littéraires: **Le Devoir**, **La barre du jour**, **Les lettres québécoises**, **Ellipse**, **Journal of Canadian Fiction**.

L'ouroboros. Montréal, Grandes éditions du Québec, 1973. 82 p.
L'obscenant. Montréal, CLF, 1974. 83 p.
De la vacuité de l'expérience littéraire. Montréal, CLF, 1975. 174 p.
Petite rhétorique de nuit. Montréal, Éd. Pierre Tisseyre, 1978. 219 p.
Le Québec littéraire 1 / Gérard Bessette. En collaboration, Montréal, Éd. Guérin, 1974. 166 p.
Le Québec littéraire 2 / Hubert Aquin. En collaboration, Montréal, Éd. Guérin, 1976. 157 p.

à toi, pour toujours, ta marie-lou
de Michel Tremblay

Mise en scène
ANDRÉ BRASSARD

DISTRIBUTION
(selon l'ordre de l'auteur)

Décor
GUY NEVEU

Costumes
FRANÇOIS LAPLANTE

Marie-Louise	BÉATRICE PICARD
Léopold	GILLES PELLETIER
Carmen	GINETTE MORIN
Manon	DOROTHÉE BERRYMAN

Équipe technique

Assistante à la mise en scène	MONIQUE FOREST
Directeur de scène	JACQUES KANTO
Concepteur et opérateur de l'éclairage	SYLVAIN TREMBLAY
Monteur et opérateur de la bande sonore	RAYMOND CHARETTE
Machiniste	PAUL LANGLERS
Habilleuse	LAURA LEROUX
Constructeur du décor	GEORGES SAVARD
Photographe	ANDRÉ LE COZ
Coiffeur	GHYSLAIN du Salon Constant

LA NOUVELLE COMPAGNIE THÉÂTRALE EST SUBVENTIONNÉE PAR LE
MINISTÈRE DES AFFAIRES CULTURELLES DU QUÉBEC
ET LE CONSEIL DES ARTS DE LA RÉGION MÉTROPOLITAINE DE MONTRÉAL

GUY NEVEU - ANDRÉ BRASSARD - FRANÇOIS LAPLANTE

Programme pour **À toi, pour toujours, ta
Marie-Lou** de Michel Tremblay.
Fonds d'archives de la Nouvelle compagnie
théâtrale,
Archives nationales du Québec.

Jacques BOULERICE

Kèro

Né le 21 août 1945 à Saint-Jean-sur-Riche-lieu, Jacques Boulerice a obtenu sa licence en lettres en 1969, à l'Université de Montréal. Professeur au département de français du CEGEP Saint-Jean-sur-Richelieu, il fut «joueur de centre et spécialiste de l'épigramme pour le club de basket-ball du Séminaire Saint-Jean» et, plus officiellement, critique littéraire au journal **Le Richelieu** (1959-66; 1968-69) ainsi qu'écrivain résident pour le parti Rhinocéros du comté de Saint-Jean en octobre 1972. Épistolier et «conteur de contes», il indique, comme prix littéraires: «Médaille d'or à la tague piquée aux Jeux Olympiques d'hiver de 1972 à Sherrington»; il a aussi été «officiellement reconnu par Nicolas Boulerice (2 ans) et Alexandre Boulerice (5 ans) comme le meilleur conteur de contes pas croyables».

Avenues, poésie. En coll. avec Denis Boudrias et André Beaudin, Saint-Jean, Éd. du Verveux, 1967.
Élie, Élie, pourquoi, poésie. Montréal, Éd. du Jour, 1970. 61 p.
L'or des fous, poésie. Montréal, Éd. du Jour, 1972. 74 p.
Quelques plis sur la différence: gravures-poèmes bien enveloppés. Avec des gravures de Yvan Lafontaine, Saint-Alexandre, Y. Lafontaine, 1976, 1 portefeuille, 10 f.
La boîte à bois. Saint-Jean-sur-Richelieu, Éd. Mille Roches, 1978.

André BOURASSA

Le mauvais œil

«Né à Montréal le 7 janvier 1936. Toutes études faites à Verdun et à Montréal, de la maternelle au doctorat, avec arrêts prolongés coins Berri/de Montigny (Jardin de l'enfance) et Bleury/Dorchester (Collège Sainte-Marie). Classe de rhétorique, toutefois, à Newton, N.J.

A enseigné la littérature française au Collège Saint-Ignace (aujourd'hui Collège d'Ahuntsic) et au Séminaire de Sainte-Thérèse (aujourd'hui Collège Lionel-Groulx), dans les classes de rhétorique et de philosophie. A participé à la préparation et à l'évaluation des programmes de français des CEGEP comme professeur, directeur de département et directeur des services pédagogiques (Sainte-Thérèse et Saint-Jérôme). Actuellement professeur adjoint au département des lettres françaises de l'Université d'Ottawa.

Un livre sur le surréalisme et la littérature québécoise. Codirection d'un colloque de l'Association canadienne du théâtre d'amateurs à Montréal (1963) et de l'Association des littératures canadienne et québécoise à Fredericton (1977); co-édition des Actes de l'ALCQ à Fredericton, **La poésie depuis 1950**, dans **Ellipse** et dans **La revue de l'Université laurentienne**. Articles dans **La barre du jour**, **Dialogue**, **Livres et auteurs québécois**, **Magazine littéraire** et **Revue des sciences humaines de l'Université** de Lille. Chronique sur la poésie dans **Lettres québécoises**. Collaboration au **Dictionnaire des œuvres littéraires du Québec** et au **Dictionnaire général du surréalisme**.

Marié à Nicole Meloche en 1965 et père de trois enfants: Nathalie, Isabelle et François.»

A.B.

Surréalisme et littérature québécoise, essai. Montréal, Éd. l'Étincelle, 1977. xxiv-380 p.

Roland BOURNEUF

Kèro

Né à Riom en France le 28 mai 1934, Roland Bourneuf obtient son doctorat ès lettres de l'Université Laval en 1966. Depuis, il occupe les postes de professeur à l'Université Laval et de secrétaire-administrateur d'une maison d'édition. On lui doit plusieurs essais, articles et comptes rendus. Il a séjourné plusieurs fois en Allemagne, en Angleterre, en Algérie et aux États-Unis. Ce fut d'ailleurs grâce à une bourse de la société philanthropique Rotary International qu'il effectua son premier voyage au Canada en 1959, pour y revenir et s'y installer définitivement trois ans plus tard. Il reçut le Prix littéraire du Québec (section essais littéraires) en 1970.

Saint-Denys Garneau et ses lectures européennes, essai. Québec, PUL, 1969. 332 p.
L'univers du roman, essai. En coll. avec Réal Ouellet, Paris, PUF, 1972. 232 p.
Giono et les critiques de notre temps, essai. Paris, Garnier, 1977. 206 p.
Passage de l'ombre, proses. Ste-Foy, Éd. Parallèles, 1978. 62 p.

Pan BOUYOUCAS

Kèro

Pan Bouyoucas, né le 16 août 1946 à Beyrouth au Liban, émigre au Québec en septembre 1963. L'Université Concordia lui décerne, en 1972, un B.F.A. (Bach. of Fine Arts). Traducteur pour la FTQ, CIC et autres organismes syndicaux, il est aussi cinéaste (quelques courts métrages) et critique cinématographique, d'abord pour la revue **Georgian**, ensuite pour **Athenian**, en Grèce, et **Seven** en Allemagne Fédérale. À Athènes, Salonique et Chypre en 1978, il donne des conférences sur l'esthétique et l'histoire du cinéma. Quelque temps lecteur et directeur de collection (essais) aux éditions Quinze, il a écrit de nombreux textes dramatiques et des documents pour Radio-Canada. «Balloté entre l'éducation grecque et la réalité arabe, entre l'école anglaise et la réalité française», entre l'ancien et le nouveau monde, Pan Bouyoucas cherche dans l'écriture un exorcisme contre ces influences souvent contradictoires.

Le dernier souffle, roman. Montréal, Éd. du Jour, 1975. 186 p.
Une bataille d'Amérique, roman. Montréal, Quinze, 1976. 213 p.
La Société de conservation, essai. Trad. de **The Selective Conserver Society**, Kimon Valaskakis, Peter Sindell, J.G. Smith et Iris Martin, Montréal, Quinze, 1978. 241 p.

Jacques BRAULT

Kèro

Né à Montréal en 1933, Jacques Brault a étudié au Collège Sainte-Marie, à l'Université de Montréal, à Paris puis à Poitiers. Professeur à l'Institut des sciences médiévales ainsi qu'à la faculté des lettres de l'Université de Montréal, il a collaboré à plusieurs revues et à de nombreuses émissions radiophoniques. Jacques Brault a fondé, d'autre part, avec quelques amis la maison d'édition du Sentier. Son recueil **Mémoires** lui valait, en 1969, le Prix France-Canada. La Société Saint-Jean-Baptiste lui a décerné, en 1979, le Prix Duvernay pour l'ensemble de son œuvre.

Trinôme, poésie. En coll. avec Richard Pérusse et Claude Mathieu, Sommaire: **D'amour et de mort**, de Jacques Brault, Montréal, Éd. J. Molinet, 1957. 57 p.
Alain Grandbois. Textes choisis, Montréal, Fides, 1958. 95 p.: fac-sim., portr.
Nouvelles, récits. En coll. avec André Brochu et André Major, Montréal, Presses de l'AGEUM, 1963. 139 p.

Mémoire, poésie. Montréal, Déom, 1965. 79 p.

Miron le magnifique, essai. Montréal, Un. de Montréal, Faculté des lettres, Département d'études françaises, 1966. 44 p.

Alain Grandbois. Choix de textes, Paris, Seghers, Montréal, l'Hexagone, 1968. 190 p.: fac-sim., portr.

Suite fraternelle, poésie. Ottawa, PUO, 1969. 39 p.

La poésie ce matin. Paris, Grasset, Montréal, Parti Pris, 1971. 117 p.

Hector de Saint-Denys Garneau, Oeuvres, édition critique. Texte établi, présenté et annoté par Jacques Brault et Benoît Lacroix, Montréal, PUM, 1971. xxvii-1320 p.

Trois partitions, théâtre. Introd, d'Alain Pontaut, Montréal, Leméac, 1972. 193 p.: ill.

Poèmes des quatre côtés, poésie. Avec 5 encres de l'auteur. Saint-Lambert, Éd. du Noroît, 1975. 95 p.

Chemin faisant, essais. Montréal, La Presse, 1975. 150 p.

L'en dessous l'admirable, poésie. Montréal, PUM, 1975. 51 p.

André BROCHU

Kèro

En 1961, alors qu'il se prépare à obtenir sa maîtrise ès arts à l'Université de Montréal, André Brochu fait la découverte, pour lui capitale, de la littérature québécoise. En 1963, il participe à la fondation de la revue **Parti Pris** et commence à enseigner les littératures française et québécoise à l'Université de Montréal. Il publiera des articles, des études et des comptes rendus dans **Le Quartier latin, La Crue, Parti Pris** et **Livres et auteurs canadiens** (devenu depuis **Livres et auteurs québécois**). De 1968 à 1970, il séjourne à Paris pour rédiger une thèse sur **Les Misérables** et il obtient son doctorat en 1971. Il est, depuis 1973, membre du comité de rédaction de **Voix et images** et, depuis 1974, membre du comité de direction de la collection «Lectures» aux PUM.

Étranges domaines, poésie. En coll. avec J.-André Contant et Yves Dubé, Préf. de Germaine Guèvremont, Montréal, Éd. de la Cascade, 1957. 46 p.

Privilèges de l'ombre, poésie. Montréal, l'Hexagone, 1961. 37 p.

La littérature par elle-même, témoignages d'écrivains. Montréal, Presses de l'AGEUM, 1962. 62 p.

Nouvelles, récits. En coll. avec Jacques Brault et André Major, Montréal, Presses de l'AGEUM, 1963. 139 p.

Délit contre délit, poésie. Montréal, Presses de l'AGEUM, 1965. 57 p.

Adéodat I, roman. Montréal, Éd. du Jour, 1973. 142 p.: ill.

Hugo: amour, crime, révolution: essai sur Les Misérables. Montréal, PUM, 1974. 256 p.

L'instance critique, essai. Préf. de François Ricard, Montréal, Leméac, 1974. 373 p.

Le réel, le réalisme et la littérature québécoise, essai. En coll. avec Laurent Mailhot et Albert Le Grand, Montréal, Librairie de l'Université de Montréal, 1974. 185 p.

Jacques BROSSARD

Naissance à Montréal, en 1933. Jacques Brossard, licencié en droit de l'Université de Montréal et diplômé du Balliol College (Oxford), a d'abord poursuivi une brillante carrière diplomatique qui l'a mené en Colombie, à Haïti et en République Fédérale Allemande. En 1964, il devient professeur titulaire au Centre de recherche en droit public à l'Université de Montréal et participe à de nombreuses commissions politiques, dont celle des États généraux du Canada français. Correspondant spécial du **Devoir** au Niger en 1968, il situe ses «débuts littéraires» aux alentours de 1970. De nombreux prix ont déjà couronné son œuvre: Prix littéraire du Québec (Sciences sociales), 1969; Prix littéraire Duvernay, 1976, pour l'ensemble de son œuvre scientifique et littéraire; Médaille d'argent de la Ville de Paris (1977).

L'immigration; les droits et les pouvoirs du Canada et du Québec, essai. Montréal, PUM, 1967. 208 p.

Les pouvoirs extérieurs du Québec, essai. En coll. avec André Patry et Élisabeth Weiser, Montréal, PUM, 1967. 463 p.

La cour suprême et la constitution; le forum constitutionnel au Canada, essai. Montréal, PUM, 1968. 427 p.

Le territoire québécois, essai. En coll. avec H. Immarigeon, G.V. Laforest et L. Patenaude, Montréal, PUM, 1970. xiii-412 p.

Le métamorfaux, nouvelles. Montréal, HMH, 1974. 206 p.

Le sang du souvenir, roman. Montréal, La Presse, 1976. 235 p.

L'accession à la souveraineté et le cas du Québec: conditions et modalités politico-juridiques, essai. Montréal, PUM, 1976. 800 p.

Nicole
BROSSARD

Kèro

Nicole Brossard est née à Montréal en 1943. Dès 1965, elle participe à la fondation et à la direction de la revue **La barre du jour**. Licenciée en lettres de l'Université de Montréal et bachelière en pédagogie de l'Université du Québec, elle enseigne durant deux ans puis choisit la carrière littéraire où elle s'implique à fond, à la fois comme créatrice et comme animatrice. Elle a participé au Congrès culturel de la Havane, en 1968, a colligé le «dossier Québec» pour la revue **Opus International** et fit partie du comité organisateur de la Rencontre québécoise internationale des écrivains en 1975 (thème: Femme et Écriture). Féministe engagée, elle prépare et tourne un film, **Some American Feminists** (O.N.F.) en collaboration avec Luce Guilbeault, écrit un texte de théâtre **La nef des sorcières**, également en collaboration, fonde avec un groupe de femmes le journal **Les têtes de pioche** et codirige, avec Andrée Yanacopoulo, la collection «Délire» aux éditions Parti Pris. En 1975, elle a participé au Festival international de la poésie à Toronto et à la Conférence interaméricaine des femmes écrivains à Ottawa, en 1978. La même année, elle est invitée à Paris pour y donner des lectures de ses poèmes. Nicole Brossard a été membre du premier bureau de l'Union des écrivains québécois. Le Prix du Gouverneur général lui a été attribué en 1975 pour **Mécanique jongleuse**.

Trois, poésie. En coll. avec Michel Beaulieu et Micheline de Jordy, Sommaire: **Aube à la saison**, par Nicole Brossard. Montréal, Presses de l'AGEUM, 1965. 91 p.

Mordre en sa chair, poésie. Montréal, Éd. Estérel, 1966. 56 p.

L'écho bouge beau, poésie. Montréal, Éd. Estérel, 1968. 50 p.

Suite logique, poésie. Montréal, l'Hexagone, 1970. 58 p.

Le centre blanc, poésie. Couv. et ill. de Marcel Saint-Pierre, Montréal, Éd. d'Orphée, 1970.

Un livre, roman. Montréal, Éd. du Jour, 1970. 99 p.

Narrateur et personnages, radio-théâtre. Montréal, Éd. Radio-Canada, 1970.

Sold-out, étreinte/illustration, roman. Montréal, Éd. du Jour, 1973. 114 p.

Mécanique jongleuse, poésie. Colombes (France), Génération, 1973. 20 p.

Mécanique jongleuse suivi de **Masculin grammaticale**, poésie. Montréal, l'Hexagone, 1974. 94 p.

French kiss: étreinte-exploration, roman. Montréal, Éd. du Jour, 1974. 151 p.: ill.

La partie pour le tout, poésie. Montréal, Éd. de l'Aurore, 1975. 76 p.

La nef des sorcières, théâtre. En coll. avec Marthe Blackburn, Luce Guilbeault, France Théorêt, Odette Gagnon, Marie-Claire Blais et Pol Pelletier, Sommaire: **L'écrivain**, par Nicole Brossard. Montréal, Quinze, 1976. 80 p.

A book, roman. Trad. anglaise de Larry Shouldice, (titre original: **Un livre**), Toronto, Coach House Press, 1976. 99 p.

Turn of a Pang, roman. Trad. anglaise de Patricia Claxton, (titre original: **Sold-out, étreinte/illustration**), Toronto, Coach House Press, 1976. 111 p.

L'amèr ou le chapitre effrité, fiction théorique. Montréal, Quinze, 1977. 99 p.

Le centre blanc, poésie. Montréal, l'Hexagone, 1978. 422 p.

Pauline CADIEUX

Pauline Cadieux est née le 20 février 1917. Elle sera éditorialiste, journaliste et traductrice puis elle travaillera au Ministère de la Justice avant d'entreprendre, en 1976, une carrière d'écrivain. Elle a été aussi conférencière ainsi que fondatrice de plusieurs associations à caractère social. En 1977, Jean Beaudin, cinéaste à l'Office national du film, s'inspirait de son livre, **La lampe dans la fenêtre**, pour réaliser un long métrage.

La lampe dans la fenêtre, roman. Montréal, Libre Expression, 1976. 199 p.: ill., portr., fac-sim.

Bigame, roman. Montréal, Stanké, 1977. 165 p.

Flora, roman. Montréal, Stanké, 1978. 156 p.

Mario CAMPO

Né à Montréal en 1951, Mario Campo a été un élève studieux et a commencé à écrire très jeune mais «un événement viendra atténuer l'élan académique: la contre-culture. Les hippies. Drop-out. Je termine difficilement et péniblement mon secondaire. J'entre aux Arts graphiques. À ma première année en graphisme, je laisse tout tomber, je deviens marginal dans tous les sens du terme; je quitte le foyer familial, sans emploi (pas question de travailler), et refuse même de devenir assisté-social. Expériences multiples. Pendant un certain temps, la musique prendra le dessus sur la littérature (1967). Voyage à New-York (1968). Lecture de Ginsberg, Leary (1968). Période de remous et de remise en question de mon écriture et de mon rôle d'écrivain... Je cesse momentanément d'écrire (1972). Internement à Saint-Jean-de-Dieu (1973). J'écris une pièce de théâtre **L'avatar hanté** qui sera présentée à l'UQUAM (1973-74). Voyage dans l'ouest canadien et en Californie (1976). Je me réconcilie avec le passé. Publication de mes premiers textes dans **La nouvelle barre du jour** (1977). Voyage en Europe (1978). J'en suis encore à l'apprentissage de l'écriture. L'œuvre reste à venir.»

M.C.

L'anovulatoire. Montréal, NBJ, 1978. 44 p.
L'ombre d'un doute. Montréal, l'Hexagone, 1979.

Louis CARON

Né à Sorel le 21 juillet 1942, Louis Caron interrompt tôt ses études et commence à exercer divers métiers, tout en écrivant une dizaine de recueils de poèmes et cinq romans, tous inédits. C'est en 1973 qu'il publie ses meilleurs poèmes et quelques contes aux Écrits des Forges de Trois-Rivières. On le retrouve plus tard commis à la salle des nouvelles de Radio-Canada, correcteur d'épreuves, puis reporter au quotidien **Le Nouvelliste** de Trois-Rivières. Il devient ensuite rédacteur de nouvelles à la radio, à la télévision et au Service international de Radio-Canada, concepteur de publicité, agent d'information, directeur d'information dans divers ministères du gouvernement du Québec, chef de publicité pour certains ministères à vocation économique et, finalement, chargé en 1970 de fonder à Trois-Rivières une Direction régionale du Ministère des Communications. Au cours de sa carrière, il a rédigé de très nombreuses analyses littéraires pour divers journaux québécois, une dizaine de documents littéraires et une pièce de théâtre pour la radio de Radio-Canada. En janvier 1976, il décide de se consacrer entièrement à l'écriture. Son premier roman, **L'emmitouflé**, lui vaudra le Prix France-Canada et le Prix Hermès; ce même roman est en cours de traduction et d'adaptation cinématographique.

L'illusionniste suivi de **Le guetteur**, contes et poèmes. Trois-Rivières, Écrits des Forges, 1973. 72 p.

L'emmitouflé, roman. Paris, Éd. R. Laffont, 1977. 241 p.

Le bonhomme Sept-heures, roman. Montréal et Paris, Leméac/Éd. R. Laffont, 1978. 252 p.

Paul CHAMBERLAND

Kèro

Né à Longueuil le 16 mai 1939, Paul Chamberland obtient son baccalauréat ès arts au Collège de Saint-Laurent en 1961 et sa licence en philosophie à l'Université de Montréal en 1964, avant de poursuivre des études en sociologie littéraire à la Sorbonne. Il revient de ce séjour d'études à Paris profondément marqué par les «Événements de mai '68» qu'il y a vécus. De '68 à '72, Paul Chamberland s'implique activement dans la période effervescente de ce que, par convention, dit-il, on peut appeler la «nouvelle culture»; la Nuit de la poésie de 1970, à laquelle il participe, en est un moment majeur. Cette même période est consacrée à ses activités d'écrivain-animateur au sein de l'équipe d'In-Media puis de la Fabrike d'ékriture. De 1973 à 1978, il fait l'expérience intensive de la vie en communauté et du réseau «alternatif». Il a collaboré aux revues **Mainmise** et **Hobo/Québec**; il a participé au Solstice de la poésie québécoise en 1976 ainsi qu'à la Rencontre internationale des écrivains de la francophonie à Épernay (France), en 1975. En 1978, il séjournait en Hongrie où il était l'invité de l'Institut culturel. Rappelons que Paul Chamberland s'était mérité en 1964, c'est-à-dire au moment où toute son activité culturelle et politique était concentrée autour de la revue **Parti Pris**, le Prix de la Province de Québec.

Genèse, poésie. Avec une gravure de Marie-Anastasie. Montréal, Presses de l'AGEUM, 1962. 94 p.

Le pays, poésie. En coll., sommaire: **Marteau parmi les écritures** de Paul Chamberland, Montréal, Déom, 1963. 71 p.

Terre Québec, poésie. Montréal, Déom, 1964. 77 p.

L'afficheur hurle, poésie. Montréal, Parti Pris, 1965. 78 p.

L'inavouable, poésie. Montréal, Parti Pris, 1968. 118 p.

Éclats de la pierre noire d'où rejaillit ma vie; poèmes suivis d'une révélation (1966-1969). Montréal, Éd. Danielle Laliberté, 1972. 108 p.

Demain les dieux naîtront, poésie. Montréal, l'Hexagone, 1974. 284 p.: ill.

Le Prince de Sexamour, poésie. Préf. de Denis Vanier et Josée Yvon, Montréal, l'Hexagone, 1976. 332 p.: ill.

Extrême survivance; extrême poésie. Photos de Louis Pépin. Montréal, Parti Pris, 1978. 153 p.: ill., fac-sim.

Maurice CHAMPAGNE-GILBERT

Maurice Champagne-Gilbert est maître ès arts en philosophie de l'Institut d'études médiévales de Montréal (1956), diplômé d'études supérieures en psychologie et docteur ès lettres de l'Université de Nice (1969). Tout en poursuivant ses recherches sur les droits de l'homme, la violence psychosociale, les relations hommes-femmes et la famille, il a occupé divers postes dans l'enseignement. Conférencier, animateur, auteur d'articles de journaux et de textes pour la télévision et la radio, Maurice Champagne-Gilbert a été président puis directeur général de la Ligue des droits de l'homme de 1971 à 1975, et vice-président, de 1975 à 1978, de la première Commission des droits de la personne au Québec. Il est présentement commissaire au Comité de la protection de la jeunesse du Québec.

Suite pour amour; légende poétique en trois épisodes, 1966-1967. Montréal, Éd. du Jour, 1968. 128 p.

La violence au pouvoir; essai sur la paix. Montréal, Éd. du Jour, 1971. 255 p.

Lettres d'amour; triptyque à trois temps. Montréal, Éd. du Jour, 1972. 106 p.

La société québécoise face à l'avortement, essai. En coll., Montréal, Leméac, 1974.

L'inégalité hommes-femmes, la plus grande injustice, monographie. Publiée par le programme «Promotion de la femme» du Secrétariat d'État du Canada, Montréal, 1976. 30 p.: ill.

Claudette CHARBONNEAU-TISSOT

«Claudette Charbonneau-Tissot, née à Montréal, habite Québec depuis plus de sept ans. En 1974, elle obtenait une maîtrise en littérature française à l'Université Laval. Elle enseigne présentement au CEGEP François-Xavier Garneau.

Depuis 1973, elle a écrit trois livres. Le dernier, un roman, paraîtra à l'automne de 1979 sous le titre **La chaise au fond de l'œil**.

Pendant ses études collégiales et le début de ses études universitaires, elle a travaillé dans le département psychiatrique d'un hôpital de Montréal. Cette expérience a été marquante pour elle car elle a pu y observer, à découvert, non pas tant ce que sont les malades mentaux que ce que cache habilement tout être soi-disant sain.

Ses textes sont centrés sur l'analyse des êtres dans leurs bouillonnements intérieurs les plus étranges. L'écriture est pour elle une façon de dépasser le niveau habituel de conscience dans lequel nous vivons quotidiennement, un moyen d'accéder à l'invisible et à l'informulable en leur donnant, par le texte, une structure visible.»

C.C.-T.

Contes pour hydrocéphales adultes. Montréal, CLF, 1974. 147 p.
La contrainte, nouvelles. Montréal, CLF, 1976. 142 p.

Luc CHAREST

Né à Edmunston, au Nouveau-Brunswick, en 1947, Luc Charest détient un certificat d'enseignement de l'Université de Montréal et une licence en histoire de l'art de l'Université Laval. Il est également lauréat en musique (piano) et compte à son actif plusieurs expositions de peinture. Journaliste, il collabore au journal **Les gai(e)s du Québec**; poète, il participe aux Nuits de la poésie de l'Université Laval (1973 et 1974); auteur, il fonde sa propre maison, les éditions Allégoriques. Depuis 1975, il est professeur à l'élémentaire et spécialiste en arts plastiques pour le B.E.P.G.M.

Autrement, roman. Montréal, Éd. Allégoriques, 1978.

Jean CHARLEBOIS

Né le 19 avril 1945, Jean Charlebois complète des études universitaires en lettres à Montréal. Rédacteur, traducteur, correcteur, réviseur et recherchiste, Jean Charlebois a publié, entre autres, **Hanches neige**, un recueil qui s'est classé parmi les 25 plus beaux livres édités au Canada, d'après **Design Canada**.

Popèmes absolument circonstances incontrôlables. Saint-Lambert, Éd. du Noroît, 1972. 108 p.

Tête de bouc, poésie. Saint-Lambert, Éd. du Noroît, 1973.

Tendresses, poésie. Saint-Lambert, Éd. du Noroît, 1975. 150 p.: ill, portr.

Hanches neige, poésie. Saint-Lambert, Éd. du Noroît, 1977. 150 p.: ill.

Conduite intérieure, poésie. Saint-Lambert, Éd. du Noroît, 1978. 124 p.

Ann CHARNEY

Née en Pologne, Ann Charney a cependant passé la plus grande partie de sa vie à Montréal. Elle a poursuivi ses études à l'Université McGill ainsi qu'à la Sorbonne. Elle a signé le scénario du film **The Old Man's Fire**, une production de l'Office national du film, et de **Elisabeth** (Rohar Productions). Elle a collaboré à plusieurs journaux et magazines: **Maclean's, The Canadian, Toronto Star, Canadian Forum, Ms. Magazine**, etc. Ann Charney prépare un second roman qui s'intitulera **Elisabeth's Exile**.

Dobryd, roman. Toronto, New Press, 1975. 170 p.

Dobryd. Trad. allemande de Gabrielle C. Pallat, Friboerg (Allemagne), Éd. Herder, 1979.

Marie
CHOLETTE

Née à Québec le 2 octobre 1954, Marie
Cholette obtient en 1977 un baccalauréat
spécialisé en littérature française et en linguistique de l'Université Laval où elle poursuit actuellement une mineure en cinéma.
Elle a étudié la musique au Conservatoire
de Québec et souligne elle-même l'importance de sa formation musicale dans l'élabo-
ration de son œuvre. Saint-Joseph-de-la-
Rive, où elle séjourne le plus souvent possi-
ble, n'a jamais cessé, non plus, de l'inspirer.

Lis-moi comme tu m'aimes, poésie. Ill. de
l'auteur. Paris, Éd. Saint-Germain-des-
Prés, 1975. 76 p.

Françoise
CHOLETTE-PÉRUSSE

Kèro

Née à Montréal, Françoise Cholette-Pérusse
a poursuivi ses études en philosophie et en
psychologie à l'Université de Montréal.
Après une brève incursion dans le domaine
de la fiction (**Chronique d'une enfance**, in
les **Écrits du Canada français** 1962), elle
collabora longtemps au magazine **Châtelaine**. Depuis le milieu des années soixante,
Françoise Cholette-Pérusse travaille activement comme psychothérapeute. Sa profession l'a conduite à tenir des chroniques tant
à la radio qu'à la télévision. Son livre, **La
sexualité expliquée aux enfants...**, a été
traduit en turc, en espagnol et en portugais.

Psychologie de l'enfant, essai. Montréal, Éd.
du Jour, 1963. 181 p.
Psychologie de l'adolescent (de 10 à 25 ans),
essai. Montréal, Éd. du Jour, 1966. 203 p.
**La sexualité expliquée aux enfants; quoi
dire... comment le dire...**, essai. Montréal,
Éd. du Jour, 1965. 159 p.: ill.

Cécile CLOUTIER

Kèro

Née à Québec en 1930, Cécile Cloutier a fait des études de lettres, d'esthétique et de psychothérapie à l'Université Laval et à l'Université de Paris, préparant quatre thèses dont l'une sur «L'esthétique de la vie quotidienne au Québec», et une autre sur la création en poésie. Elle détient un doctorat de la Sorbonne et un M.A. (philosophie) de l'Université McMaster. Elle a étudié plusieurs langues dont l'espagnol, l'allemand, le polonais, le sanscrit, l'esquimau et le chinois. D'abord professeur de grec et de latin à Québec, puis d'esthétique et de littérature québécoise et française à l'Université d'Ottawa, à l'Université Laval puis à l'Université de Toronto où elle est professeur titulaire, elle a publié plus de cent cinquante articles, donné une cinquantaine de conférences et fait de nombreuses lectures de poèmes en Amérique et en France. Elle a vécu cinq ans à Paris et voyagé dans toute l'Europe. Elle a reçu plusieurs bourses et plusieurs prix dont la Médaille d'argent de la Société des écrivains français attribuée par Jean Cocteau. Membre de trois sociétés internationales d'esthétique, elle fut invitée à faire partie du Pen Club et de la Société des gens de lettres de France. Certains de ses poèmes ont été traduits et publiés en anglais, en espagnol, en danois, en polonais et en ukrainien. Sa pièce de théâtre **Utinam** a été jouée à Québec et à Montréal. «Son adresse la plus vraie est une vieille maison de pierres contemplant le Saint-Laurent à Neuville». Elle fait maintenant des recherches sur le silence en art.

Mains de sable, poésie. Québec, Éd. de l'Arc, 1960. 43 p.

Cuivre et soie suivi de **Mains de sable**, poésie. Montréal, Éd. du Jour, 1964. 75 p.

Cannelles et craies, poésie. Paris, Jean Grassin, 1969. 25 p.

Paupières, poésie. Montréal, Déom, 1970. 93 p.

Câblogrammes, poésie. Paris, Chambelland/ Jean Grassin, 1972. 51 p.

Chaleuils poésie. Montréal, l'Hexagone, 1979.

Guy CLOUTIER

Helen Doyle

L'animateur des «Lundi du Temporel» (une série de spectacles de poésie), Guy Cloutier, est né à Québec le 11 février 1949. Détenteur d'une licence ès lettres de l'Université Laval (1973), il est actuellement professeur au CEGEP de Lévis-Lauzon. En 1974-75, Guy Cloutier a participé aux négociations du «Front commun» en tant que membre de l'équipe de la Confédération des syndicats nationaux (CSN). Il est aussi codirecteur des éditions Estérel.

Les chasseurs d'eaux, récit. Montréal, Estérel, 1978.
La main mue, récit. Montréal, l'Hexagone, 1979.

Jean Yves COLLETTE

Kèro

C'est à **La barre du jour** depuis 1966 et à **La nouvelle barre du jour** dont il est l'actuel secrétaire de rédaction que Jean Yves Collette, né le 9 octobre 1946, exerce la plus grande partie de son activité d'écrivain. Secrétaire général de l'Union des écrivains québécois depuis avril 1977, et codirecteur des éditions Estérel, après avoir été libraire, photographe, lecteur de manuscrits, il a surtout appris, ces dernières années, à se «couper en quatre».

Il affirmait dans un texte introductif à l'émission **Poésie ininterrompue** (France-Culture, juillet 78): «J'essaie chaque jour d'écrire avec une langue qu'on ne m'a jamais apprise. Je la découvre à chaque construction, à chaque dé-construction. C'est en utilisant les mots de cette langue que j'apprends à vivre, comme en inventant l'usage, j'apprends à écrire.» Jean Yves Collette a été l'invité avec quelques autres poètes québécois du IIIe Festival de poésie de Marly-le-roi et du 1er Festival international de poésie, à Paris, en mai et juin 1978.

La vie passionnée, récit. Photgr. Hubert Gariépy. Saint-Laurent, La barre du jour, 1970. 51 p.

Deux, proses. Ill. d'Odette Brosseau. Montréal, Éd. d'Orphée, 1971. 34 p.

L'état de débauche, proses. Montréal, l'Hexagone, 1974. 106 p.

Une certaine volonté de patience, proses. Montréal, l'Hexagone, 1977. 76 p.

Dire quelque chose clairement, proses. Frontispice de Michèle Devlin. Montréal, Éd. Estérel, 1977. 29 p.

Une vie prématurée, poèmes. Liège (Belgique), Odradek, 1978.

Daniel-Yvan CÔTÉ

Kèro

Né le 20 novembre 1945 au Lac Sainte-Croix, Daniel-Yvan Côté a obtenu un baccalauréat en pédagogie de l'Université du Québec à Chicoutimi en 1969. Il est enseignant et se spécialise présentement en philosophie.

Le grand jardinier, livre pour enfants. Montréal, Éd. Paulines, 1978. 16 p.: ill.

Marcel COULOMBE

Kèro

Marcel Coulombe est né à Saint-Hyacinthe en 1951. Très actif dans le domaine des arts, il a été membre fondateur et administrateur de la compagnie théâtrale Carcan (Belœil-Saint-Hyacinthe), administrateur des Productions Mapcen, agent des relations avec le public pour la Groupe de la Nouvelle Aire et membre fondateur gérant du groupe Jazz Salstice. En 1971, il poursuit des recherches en sémantique, fonde les éditions Chahan-Lutte en 1973 et participe à l'organisation de spectacles de poésie en 1974. Sa curiosité intellectuelle paraît sans limites puisqu'il est également artisan du cuir, scénariste et auteur de bandes dessinées.

———— (trait), sémantique. Montréal, Chahan-Lutte, 1973. 30 p.: ill.
Un pli sur l'ombre, poésie. Montréal, Chahan-Lutte, 1973. 42 p.
Poésie suivi de **Du je au nous**, nouvelles. Montréal, Chahan-Lutte, 1975. 52 p.

Pierre DANSEREAU

Canada photothèque

Le botaniste Pierre Dansereau, membre d'honneur de l'Union des écrivains québécois et éminent savant, est né à Montréal en 1911. Après ses études en agronomie à l'Université de Montréal et des recherches sous la direction du Frère Marie-Victorin et de Jacques Rousseau, il poursuit ses études de botanique et d'agriculture en France puis obtient un doctorat en sciences à l'Université de Genève (1939). De retour au pays, à peine a-t-il le temps de fonder le Service de biogéographie de l'Université de Montréal qu'on le sollicite pour des travaux qui l'entraîneront autour du monde. Les États-Unis, le Brésil, la Nouvelle-Zélande, la France, l'Afrique, l'Espagne, les Îles du Pacifique, d'autres pays d'Amérique latine réclament tour à tour sa présence, soit comme professeur invité, soit comme délégué à des congrès, conférences, ou symposiums sur les sciences, soit encore pour diriger des recherches sur la faune, la flore et l'écologie nationale ou pour lui proposer des postes importants. C'est ainsi, par exemple, qu'il est nommé, en 1961, sous-directeur et conservateur du Jardin Botanique de la ville de New-York. Membre honoraire de prestigieuses sociétés scientifiques, docteur *honoris causa* de nombreuses universités, il recueille partout autant d'honneurs qu'il accepte de charges. De façon épisodique, mais néanmoins soutenue, il continue d'apporter au domaine des sciences, au pays même, sa vaste expérience. Doyen de la Faculté des sciences de l'Université de Montréal, professeur honoraire ou attitré de nombreuses universités canadiennes, président ou directeur de plusieurs sociétés scientifiques, dont la Société pour l'avancement des sciences, il se voit décerner, entre autres honneurs, le Prix David en 1959. À partir de 1968, ses préoccupations l'amènent de plus en plus à concentrer ses recherches sur l'environnement humain. Il est nommé directeur du Centre de recherches écologiques de Montréal, où il s'occupe notamment du projet EZAIM (recherches écologiques sur la zone du nouvel aéroport de Montréal). L'œuvre écrite de Pierre Dansereau rend compte sous différentes formes de l'activité de l'homme de science et de sa contribution à la connaissance du monde qui nous entoure.

L'industrie de l'érable. Montréal, Service de biogéographie, Université de Montréal, 1944. 44 p.: tableaux, fig.

Biogeography: An Ecological Perspective. New York, The Ronald Press Company, 1957. xiii-394 p.

The Grading of Dispersal Types in Plants Communities and their Ecological Significance. En coll. avec Kornelius Lems, Montréal, Institut botanique de l'Université de Montréal, 1957. 52 p.: ill.

A Universal System for Recording Vegetation. Montréal, Institut botanique de l'Université de Montréal, 1958. 58 p.

Phytogeographia Laurentiana. Tome II: **The Principal Plants Associations of the Saint Lawrence Valley.** Ill. de Françoise Mc Nichol, Jeno Arros et Daniel Waltz. Montréal, Institut botanique de l'Université de Montréal, 1959. 147 p.

Contradictions & bioculture, conférences et articles. Montréal, Éd. du Jour, 1964. 222 p.

Ecological Impact and Human Ecology. Symposium on «The future environments of North America». New York, Conservation Foundation, 1965. 77 p.

Écologie de la zone de l'aéroport international de Montréal. Montréal, Centre de recherches écologiques de Montréal, projet EZAIM, 1971. vii-291 p.

La terre des hommes et le paysage intérieur, essai. Montréal, Leméac/Éd. Ici Radio-Canada, 1973. 190 p.

Inscape and Landscape, essai. Trad. du précéd., Toronto, Canadian Broadcasting Corp., 1973. 118 p.

Arrondissement naturel de Percé, étude. En coll. avec Gilles Paré, Montréal, Centre Rech. Sci. Env. (CERSE), Université du Québec à Montréal, 1975. 62 p.

Inscape and Landscape. The Human Perception of Environment. New York, Columbia University Press, 1975. 118 p.

Atlas EZAIM. Colligé par Pierre Dansereau, Peter Brooke Clibbon et Gilles Paré, Montréa, PUM, 1975. 27 p., 53 f. de planches.

EZAIM: Écologie de la zone de l'aéroport international de Montréal, essai. Montréal, PUM, 1976. xviii-343 p.

Prospective du système socio-économique du Québec 1995. En coll. avec Kimon Valaskakis, Québec, l'Office de planification et de développement du Québec (OPDQ), 1976. ix-159 p.

Harmony and Disorder in the Canadian Environment, essai. Ottawa, Canadian Environment Advisory Council, 1977. 146 p.: ill., tableaux.

Ecological Grading and Classification of Land-occupation and Land-use Mosaics. En coll. avec Gilles Paré, Ottawa, Fisheries & Environment Canada, 1977. x-63 p.

Prospective socio-économique du Québec, 1ère étape. Sous-système écologique (1). Dossier technique (1.1). Diagnostics préliminaires. Coll. «Études et Recherches», Québec, Éditeur officiel du Québec, 1978. vi-118 p.

Prospective socio-économique du Québec, 1ère étape. Sous-système écologique (1). Rapport-synthèse. En coll. avec Kimon Valaskakis, Coll. «Études et Recherches», Québec, Éditeur officiel du Québec, 1978. vii-43 p.

Prospective socio-économique du Québec, 1ère étape. Sous-système écologique (1). Dossier technique (1.2). Aspects du développement. En coll. avec Kimon Valaskakis, Coll. «Études et Recherches», Québec, Éditeur officiel du Québec, 1978. vi-86 p.

Claire De LAMIRANDE

Kèro

Née le 6 août 1929, à Sherbrooke, Claire de Lamirande entra sur le marché du travail comme dessinatrice commerciale. Plus tard, elle poursuivra des études en dessin, peinture et sculpture au Musée des Beaux-Arts de Montréal. Mais c'est à la suite de ses études pour l'obtention d'une maîtrise ès arts à l'Université de Montréal (1951) qu'elle opta définitivement pour la carrière littéraire. En dix ans, elle a publié sept romans très remarqués par la critique.

Aldébaran ou La fleur, roman. Montréal, Éd. du Jour, 1968. 128 p.

Le grand élixir, roman. Montréal, Éd. du Jour, 1969. 265 p.

La baguette magique, roman. Montréal, Éd. du Jour, 1971. 198 p.

Jeu de clefs, roman. Montréal, Éd. du Jour, 1974. 139 p.

La pièce montée, roman. Montréal, Éd. du Jour, 1975. 149 p.

Signé de biais, roman. Montréal, Quinze, 1976. 133 p.

L'opération fabuleuse, roman. Montréal, Quinze, 1978. 191 p.

Nicole DESCHAMPS

Kèro

Née à Montréal en 1931, Nicole Deschamps a cependant fait la majeure partie de ses études à Québec, où elle a obtenu une licence ès lettres (Laval) en 1954. Plus tard (1961), l'Université de Paris lui a décerné un Doctorat d'Université pour sa thèse sur l'écrivain norvégienne Sigrid Undset. La publication en 1966 de cette thèse lui a valu le Prix de la province de Québec, section essai. Elle enseigne les littératures québécoise et française à l'Université de Montréal, où elle est professeur agrégé, après avoir enseigné aux universités McGill et de Sherbrooke. Elle collabore en tant que recherchiste ou animatrice à diverses émissions littéraires de la Société Radio-Canada et a un intérêt certain pour la psychanalyse, Réjean Ducharme, les bestiaires et l'Italie.

Sigrid Undset ou La morale de la passion, essai. Montréal, PUM, 1966. 192 p.
Louis Hémon, lettres à sa famille. Montréal, PUM, 1968. 219 p.: ill., fac-sim., portr.
Lettres au cher fils. Correspondance d'Élisabeth Bégon. Montréal, Hurtubise/HMH, 1972. 221 p.: fac-sim., portr.
Le Bestiaire perdu, études. En collaboration, no spécial d'Études françaises, Montréal, PUM, 1974.
Ducharme par lui-même, études. En collaboration, no spécial d'Études françaises, Montréal, PUM, 1975.

Guy DÉSILETS

François Rivard

Né à Trois-Rivières, Guy Désilets obtient son diplôme de l'École de Marine de Rimouski en 1950 et devient cadet-officier dans la marine marchande. Après des études à l'Université d'Ottawa, il devient speaker radiophonique, puis enseigne le français durant dix ans, jusqu'à sa nomination comme conseiller linguistique au Ministère de l'Éducation, où il est responsable des dossiers sur les livres d'enseignement et le matériel didactique. Il a été membre de la Société des écrivains canadiens et de la Société des poètes canadiens-français dont il reçut des attestations de mérite poétique en 1959.

La tension des dieux, poésies. Québec, Équinoxe, 1962.
Poème pour un homme pygmée, poésies. Montréal, Leméac, 1970. 94 p.
Un violon nu, poésies. Montréal, Leméac, 1972. 83 p.
Ô que la vie est ronde, poésies. Montréal, Hurtubise/HMH, 1977. 84 p.

Croquis de costume représentant le personnage de Marie-Louise dans **Le Marquis qui
perdit** de Réjean Ducharme, exécuté par
Robert Prévost pour le Théâtre du Nouveau Monde.
Fonds d'archives Robert Prévost,
Archives nationales du Québec.

Clémence DES ROCHERS

Ronald Labelle

Comédienne, chanteuse, monologuiste, poétesse du geste et de la parole, Clémence Des Rochers est née le 23 novembre 1933, à Sherbrooke. Elle a étudié à l'École nationale de théâtre avant d'entreprendre une longue carrière qui l'a conduite sur de nombreuses scènes à travers le Québec, à la radio et à la télévision. Disques et livres se relaient et jalonnent cette carrière qui se poursuit.

Le monde sont drôles suivi de **La ville depuis (lettres d'amour)**, nouvelles. Montréal, Parti Pris, 1966. 131 p.

Sur un radeau d'enfant, poésie, chansons, monologues. Présentation de M. Dubé, Montréal, Leméac, 1969. 199 p.: ill.

Le rêve passe..., théâtre. Montréal, Leméac 1972. 56 p.

La grosse tête, spectacle. Introd. Alain Pontaut, Montréal, Leméac, 1973. 136 p.

J'ai des p'tites nouvelles pour vous autres, récit. Montréal, l'Aurore, 1974. 83 p.: ill.

Le monde aime mieux..., monologues, nouvelles chansons. Préface de Marc Favreau, ill. de Jean Daigle, Montréal, Éd. de l'Homme, 1977. 225 p. (notations musicales).

Michel DESROSIERS

Kèro

Né à Crabtree Mills, comté de Joliette, en 1941. Études en lettres à l'Université de Montréal après un B.A. de la même université. En 1971, «j'ai été amené, par un pur hasard, à travailler pour un ministère à titre de conseiller en main-d'œuvre. Contre toute attente, je me suis passionné pour un sujet que je trouve de plus en plus fondamental: l'utilisation des énergies humaines. Mes efforts portent présentement sur la *description* du travail et des travailleurs.» Michel Desrosiers prépare depuis deux ans un **Guide sur le marché du travail au Québec** et travaille pour la maison Flammarion.

L'envol des corneilles, récit. Montréal, La Presse, 1975. 189 p.

Pierre DES RUISSEAUX

Né à Sherbrooke le 7 juillet 1945, Pierre Des Ruisseaux a complété des études universitaires en philosophie et a publié plusieurs ouvrages à caractère ethnologique. Il est présentement membre du comité de direction de la revue de poésie **Mœbius** et travaille dans une maison d'édition. Tour à tour rédacteur et journaliste, puis rédacteur en chef d'une revue spécialisée, il se consacre à une œuvre axée en partie sur la culture populaire. Les voyages, notamment au Moyen Orient en 1969 et aux Antilles en 1977, l'ont profondément marqué, tout comme les œuvres de Hubert Aquin, Knut Hamsun, Joseph Delteil et Charles-Albert Cingria, auteur qu'il affectionne particulièrement.

Croyances et pratiques populaires au Canada français. Montréal, Éd. du Jour, 1973. 224 p.

Le livre des proverbes québécois. Montréal, l'Aurore, 1974. 203 p.

Le p'tit almanach illustré de l'habitant. Montréal, l'Aurore, 1974. 136 p.

Le noyau, roman. Montréal, l'Aurore, 1975. 109 p.

Dictionnaire de la météorologie populaire au Québec. Montréal, l'Aurore, 1976. 215 p.

Magie et sorcellerie populaires au Québec. Montréal, Éd. Triptyque, 1976. 204 p.

François De VERNAL

J.G. Prévost

François de Vernal est né à Dijon (France) en 1933. Après des études de droit et une maîtrise en français, il émigre au Québec en 1956. D'abord scripteur radiophonique, il est ensuite professeur à Moncton puis à Ottawa. En 1965, il devient responsable d'un projet de coopération pour l'ACDI et demeure cinq ans en Afrique. Revenu en 1970 dans un «Québec transformé», François de Vernal participe activement au syndicalisme en tant que négociateur et conseiller en relations industrielles et poursuit sa carrière littéraire comme critique, conférencier et correspondant de la **Revue Indépendante** (organe littéraire du Syndicat des journalistes et des écrivains de France).

Pour toi, poésie. Montréal, Éd. du Soir, 1956. 46 p.

La villa du mystère, roman. Montréal, Beauchemin, 1959.

Le jardin de mon père, poésie. Montréal, Leméac, 1962.

Histoire de quelques poètes, de Walt Whitman à Saint-John Perse. Moncton, Études littéraires, 1963.

Une demi-heure avec François-Xavier Garneau. Montréal, Éd. du Service des publications de Radio-Canada, 1965.

D'amour et de douleur, poésie. Honfleur, Paris, P.J. Oswald, 1967.

Jean-le-lâche, théâtre. Honfleur, Paris, P.J. Oswald, 1967.

Vivre ou mourir, nouvelles. Honfleur, Paris, P.J. Oswald, 1970.

René DIONNE

Universitaire, essayiste, critique littéraire et conférencier, René Dionne est né à Saint-Philippe-de-Néri, dans le comté de Kamouraska, le 29 janvier 1929. Il collabore à la revue **Relations** depuis 1966 et aux **Lettres québécoises** depuis 1976. Il est de plus responsable de la page littéraire du journal **Le Droit** d'Ottawa. Il a poursuivi ses études universitaires au Canada, aux États-Unis et en Angleterre et, de 1965 à 1978, il a enseigné aux universités de Montréal, de Sherbrooke et d'Ottawa où il occupe le poste de directeur du département de lettres françaises. Plusieurs fois boursier et membre de nombreuses associations professionnelles, René Dionne a rédigé d'innombrables articles et comptes rendus et trois thèses académiques, respectivement sur Démonthène, Roquentin et Antoine Gérin-Lajoie. Il poursuit actuellement des recherches sur la littérature outaouaise et franco-ontarienne.

Propos littéraires, (littérature et science; littérature française — littérature québécoise). Actes du 40e Congrès de l'ACFAS (section des littératures de langue française). Textes recueillis et présentés par René Dionne, Coll. «Cahiers du Centre de recherche en civilisation canadienne-française», Ottawa, PUO, 1973. 128 p.

Le roman engagé au Canada français/The Social and Political Novel in English Canada. Actes du colloque de l'ALCQ en mai 1976 à l'Université Laval. (Congrès des Sociétés savantes du Canada). Textes recueillis et présentés par René Dionne, Numéro spécial de la Revue de l'Université Laurentienne/Laurentian University Review, vol. 9, no 1, novembre/November 1976. 124 p.

Antoine Gérin-Lajoie, homme de lettres. Coll. «Études», Sherbrooke, Éd. Naaman, 1978. 435 p.

Bibliographie de la littérature outaouaise et franco-ontarienne. Coll. «Documents de travail du Centre de recherche en civilisation canadienne-française», Ottawa, CRCCF, no 10, février 1978. 91 p.

Propos sur la littérature outaouaise et franco-ontarienne. Introduction et choix de textes de René Dionne, Coll. «Documents de travail du Centre de recherche en civilisation canadienne-française», Ottawa, CRCCF, no 11, février 1978. 209 p.

Situation de l'édition et de la recherche, (littérature québécoise ou canadienne-française). Travaux du comité de recherche francophone de l'ALCQ, recueillis et présentés par René Dionne, Coll. «Documents de travail du Centre de recherche en civilisation canadienne-française», Ottawa, CRCCF, no 18, mai 1978. 182 p.

Répertoire des professeurs et chercheurs, (littérature québécoise ou canadienne-française). Coll. «Documents de travail du Centre de recherche en civilisation canadienne-française», Ottawa, CRCCF, no 19, mai 1978. 120 p.

Anthologie de la littérature québécoise. Tome II: **La Patrie littéraire, 1760-1895**. Montréal, La Presse, 1978. 514 p.

Gaétan
DOSTIE

Kèro

L'affaire des manuscrits; ou **La dilapidation du patrimoine national**, pamphlet. Documents colligés et présentés par G.D., Montréal, Éd. du Jour/l'Hexagone, 1973. 93 p.

Poing commun suivi de **Courir la galipote**, poésie. Montréal, l'Hexagone, 1974. 65 p.

Solstice de la poésie québécoise, vidéogramme et catalogue. Montréal, MEDIA-TEQ et Musée d'art contemporain, 1977.

«Né à Sherbrooke en 1946, il y fait ses études primaires, secondaires et universitaires. Baccalauréat ès arts en 1968, licence ès lettres en 1971; la même année il s'installe à Montréal pour poursuivre ses études de maîtrise à l'UQAM et publie les **Rocs armés**. Professeur de Cegep à Montréal, il tient une chronique littéraire au quotidien **Le Jour** du début à la fin. L'Hexagone publie **Poing commun**, suivi de **Courir la galipote** en 1974. Il travaille avec Hubert Aquin aux Éditions La Presse. En 1976, il quitte le monde de l'enseignement, fonde la MEDIA-TEQ, organise le **Solstice de la poésie québécoise** qui deviendra une exposition, des vidéo-grammes et un catalogue en collaboration avec le Musée d'art contemporain de Montréal. Depuis 1976, il participe à un collectif de travail d'une **Anthologie de la poésie québécoise des origines à nos jours**. En 1977, il accepte la succession de Gérald Godin à la tête des Éditions Parti Pris; il est un des principaux initiateurs de la mise sur pied des Messageries littéraires des éditeurs réunis en septembre 1978. Au cours de 1979, L'Hexagone publiera **Le hibou des neiges** (poésie).»

G.D.

Guy DUFRESNE

Jules Blouin

Guy Dufresne est né à Montréal en 1915, mais il s'installe très tôt à Frelighsburg où il devient pomiculteur, métier qu'il partagera avec celui d'écrivain. Son œuvre dramatique est importante: depuis 1945, il signe régulièrement des textes diffusés soit à la radio, soit à la télévision, soit au théâtre. On lui doit également des traductions et des adaptations, le scénario de longs métrages et de nombreux écrits historiques.

Kébec. Manuscrit original photocopié et relié par la BNQ 1968, (s.l.), 1958. 101 f.

Mesure de guerre. Manuscrit original photocopié et relié par la BNQ 1968, (s.l.), 1960. 80 f.

Wahta (L'érable). Manuscrit original photocopié et relié par la BNQ 1968, (s.l.), (s.d.). 1 v. (pagination diverse).

Le Grand-Duc. Manuscrit original photocopié et relié par la BNQ 1968, (s.l.), (s.d.). 21 f.

Chemin privé. Manuscrit original photocopié et relié par la BNQ 1968, (s.l.), 1960. 142 f.

Cap-aux-sorciers, théâtre. Montréal, Leméac, 1969. 268 p.: ill.

Le cri de l'engoulevent, théâtre. Notes préliminaires d'Alain Pontaut, Montréal, Leméac, 1969. 123 p.: ill.

Les traitants, théâtre. Montréal, Leméac, 1969. 176 p.: ill.

Docile, théâtre. Montréal, Leméac, 1972. 103 p.

The Call of the Whippoor Will, théâtre. Trad. anglaise de Philip London et Lawrence Bérard, (titre original: **Le cri de l'engoulevent**), Introd. d'Alain Pontaut, Toronto, New Press, 1972. xiii-102 p.: ill.

Ce maudit lardier, théâtre. Montréal, Leméac, 1975. xiii-167 p., 16 p. de planches: ill.

Fernand DUMONT

Kèro

«Né à Montmorency, près de Québec, en 1927. D'une famille d'ouvriers, dont il se réclame toujours. Il n'en fait pas théorie, mais il en parle souvent.

Influences qui ont le plus marqué sa vie intellectuelle dans son enfance et son adolescence: le Frère Georges, mariste, et l'abbé Dumouchel. Les autres admirations relèvent d'un autre ordre et n'ont pas effacé celles-là qui l'ont orienté vers l'enseignement avant même qu'il sache ce qu'il pourrait enseigner.

Études secondaires au Petit séminaire de Québec. Études en sciences sociales à l'Université Laval. Études à Paris en psychologie et en philosophie. Docteur de la Sorbonne.

Professeur titulaire de théorie sociologique à l'Université Laval. Enseigne, au niveau des études avancées, sur des matières qui relèvent, à ce qu'il suppose, de la philosophie des sciences humaines.»

Docteur *honoris causa* en théologie de l'Université de Sherbrooke, Fernand Dumont a reçu le Prix du Gouverneur général, le Prix du Concours littéraire du Québec, le Prix littéraire de la Ville de Montréal et enfin le Prix David (1975) pour l'ensemble de son œuvre.

L'ange du matin, poèmes. Montréal, Éd. de Malte, 1952.

L'analyse des structures sociales régionales. En coll. avec Yves Martin, Québec, PUL, 1963.

Pour la conversion de la pensée chrétienne. Montréal, HMH, 1964.

Le lieu de l'homme. Montréal, HMH, 1968.

La dialectique de l'objet économique. Paris, Éd. Anthropos, 1970.

Parler de septembre, poèmes. Montréal, l'Hexagone, 1970.

La vigile du Québec. Montréal, HMH, 1971.

Chantiers. Essais sur la pratique des sciences de l'homme. Montréal, HMH, 1973.

Les idéologies. Paris, PUF, 1974.

Jean-Claude DUSSAULT

Kèro

Né le 9 septembre 1930 à la Minerve, comté de Labelle, Jean-Claude Dussault est diplômé de l'École normale Jacques-Cartier. Après un séjour d'un an en France, il débute dans le journalisme et devient, en 1967, directeur du Service des arts et des lettres à **La Presse**, poste qu'il occupe toujours et qui l'a amené à rédiger d'innombrables articles et comptes rendus. Jean-Claude Dussault a fait le tour du monde, depuis l'Italie jusqu'au Japon, et a séjourné durant six mois en Inde. Ses voyages jalonnent en quelque sorte un itinéraire intellectuel dont ses livres témoignent avec rigueur et constance.

Proses: suites lyriques. Montréal, Éd. d'Orphée, 1955. 119 p.

Le jeu des brises. Montréal, Éd. d'Orphée, 1956. 51 p.

Dialogues platoniques. Montréal, Éd. d'Orphée, 1956. 129 p.

Essai sur l'hindouisme. Montréal, Éd. d'Orphée, 1965. 99 p.

Pour une civilisation du plaisir, essai. Montréal, Éd du Jour, 1968. 134 p.

500 millions de yogis? Un essai sur l'hindouisme. Montréal, Éd. du Jour, 1970. 125 p.

Le corps vêtu de mots. Montréal, Éd. du Jour, 1972. 159 p.

L'ordre du désir, essai. Montréal, Quinze, 1976. 161 p.

Thérèse DUVAL

Hydro-Québec

«Née à Québec, j'y ai fait mes études d'immatriculation chez les Dames de la Congrégation. En 1952, j'obtins le poste de secrétaire du doyen de la Faculté des sciences sociales de l'Université Laval, le Père Georges-H. Lévesque, o.p. Le soir, je suivais des cours d'auditeur libre en sociologie et en littérature. Quand le doyen démissionna, en 1955, j'en profitai pour accepter un poste à Ottawa, au Service culturel de l'ambassade de France où je fus d'abord secrétaire du Conseiller culturel, puis préposée à la Cinémathèque de l'ambassade... Je reviens au «pays» fin 1960, à Montréal plus exactement, et m'engage dans une étape chaotique de ma carrière: je tâte du syndicalisme à la C.S.N., tente (en vain) d'entrer comme journaliste à **La Presse**, aboutis dans une maison de courtiers en obligations et commence à lorgner du côté de la sécurité... avec l'Hydro-Québec où j'entre en juin 1962. Là, je poursuis ma carrière de secrétaire avec le Directeur général du personnel, puis en 1968, j'accepte un poste de journaliste-pigiste dans le journal de l'H.-Q.

où j'ai une rubrique régulière. Pendant trois ans (1968-1969-1970) je cumule les postes de journaliste-pigiste — en dehors des heures de travail — et de documentaliste, promotion obtenue en 1968. En 1970, dans le journal de l'Hydro, **Entre-Nous**, je fais un **Dossier de la femme à l'Hydro-Québec** qui me vaut quelques honneurs et... un congédiement de ce journal! Depuis 1969, je suis en charge du Centre de documentation du Service rédaction et traduction à l'H.-Q. En 1977, j'ai fait un premier livre **Madame ou Mademoiselle?** sur le célibat féminin et, en 1978, un deuxième, **O.K. Boss**, sur la docilité de la femme au travail. Enfin, j'ajoute que je voyage beaucoup et que, dans ma famille, à peu près tout le monde écrit. Et voilà!»

T.D.

Madame ou Mademoiselle?, essai. Montréal, Libre Expression, 1978. 156 p.

O.K. Boss, essai. Montréal, Libre Expression, 1978. 294 p.

Gérard ÉTIENNE

Né à Cap Haïtien en 1936, Gérard Étienne est actuellement professeur de lettres françaises et de linguistique à l'Université de Moncton. Il détient une licence en lettres (1968) de l'Université de Montréal et un doctorat (1974) de l'Université de Strasbourg. En 1964, il découvre les poètes québécois: Miron, M. Beaulieu, Y.G. Brunet, Olivier Marchand, N. Brossard, Langevin et Raoul Duguay avec lequel il organise les premiers récitals de poésie à Montréal. À la même époque, il fait partie du comité de lecture des Éditions Estérel et dirige la revue **Lettres et écritures**. Membre directeur des Éditions françaises du Canada (1970), il sera membre fondateur, lecteur et membre du Conseil d'administration des Éditions de l'Acadie. Il a donné des conférences au Canada, en Italie, en France, aux États-Unis, en République Dominicaine. Journaliste actif pendant quatre ans, il est aujourd'hui rédacteur en chef de la **Revue de l'Université de Moncton**. Son œuvre figure dans plusieurs anthologies: **Présence africaine** (France), **Anthologie des meilleurs**

poètes et romanciers haïtiens, **Poésie vivante à Haïti** (France), **Littérature haïtienne** (France) et **Le silence éclate** (U.R.S.S.).

Gladys. Port-au-Prince, Éd. Panorama, (s.d.).

La raison et mon amour. Port-au-Prince, Éd. Port-au-princiennes, (s.d.).

Au milieu des larmes. Port-au-Prince, (s. éd.), 1960.

Plus large qu'un rêve. Port-au-Prince, (s. éd.), 1961.

Essai sur la négritude. Port-au-Prince, Éd. Panorama, 1962.

Le nationalisme dans la littérature haïtienne. Port-au-Prince, Éd. du Lycoc, 1963.

Lettre à Montréal. Montréal, Éd. Estérel, (s.d.).

Dialogue avec mon ombre. Montréal, Éd. françaises du Canada, 1972. 135 p.

Le nègre crucifié. Montréal, Nouvelle optique, 1974. 130 p.

David
FENNARIO

Kèro

Né le 26 avril 1947 à Montréal, David Fennario écrit et décrit, aussi bien dans ses romans que dans ses pièces de théâtre, le milieu ouvrier d'où il vient et où il tient à demeurer.

Without a parachute. Montréal, Mc Clelland & Stewart, 1974.

Sans parachute. Trad. du précédent par Gilles Hénault, Montréal, Parti Pris, 1978.

On the job. Montréal, Talonbook, 1977.

Nothing to lose. Montréal, Talonbook, 1978.

Jean FERGUSON

«Je suis né dans la réserve indienne de Restigouche (micmacque) en Gaspésie, ce dont je ne suis pas peu fier. J'ai vécu mes jeunes années dans un merveilleux petit village perdu dans les montagnes entre terre et ciel, quelque part. J'écris quelque part parce que, comme au Québec nous n'avons le respect de rien, l'Alverne a été déménagé au bord de la mer et il n'en reste plus qu'un chemin de poussière et des pommiers odorants et solitaires qui, maintenant que les hommes sont partis, n'ont jamais autant produit...

J'avais dix ans quand je suis parti pour un assez long séjour au Brésil. Je retiens de ces années l'image presque irréelle d'indiens rencontrés sur les bords de l'Amazone et du Jary, indiens fiers et indolents dont le monde plein d'art et de ressources a stimulé mon imagination jusqu'à l'excès. Tout se brouille un peu dans ce miroir de l'enfance: la recherche d'arbres au bois brun expédiés en Suède pour la fabrication de meubles scandinaves; ma première rencontre avec un anaconda, expert avaleur de rats énor-

mes; les eaux bouillonnantes de piranhas qui dépeçaient un chien en quelques minutes mais qui ignoraient superbement les petits indiens qui se baignaient à deux pas d'eux. Je me souviens des récits des guides dans la nuit pleine de cris étranges, récits de la marabunta, invasion de fourmis qui tous les trente-six ans, avec une précision d'horloge, se réunissent pour envahir les terres, les forêts et les hommes sous l'effet de quelques sortilèges anciens jetés par un sorcier silencieux et hermétique cherchant dans la mort universelle une réponse à l'ultime rêve de l'au-delà.

Ensuite, sur le chemin de l'adolescence, je me suis arrêté pour d'assez longues périodes dans la Beauce, à Montréal, au bord du Richelieu, à Ottawa, d'un collège à l'autre, ballotté entre Félix Leclerc, Josée-Marie Neuville, Camus et la découverte de tous les écrivains québécois d'alors à une époque où la lecture était tenue pour une activité très suspecte.

Adulte, je suis revenu vivre à Montréal, puis je suis retourné quelques années en Gaspésie, retour dans la région montréalaise et finalement au cours d'un voyage impromptu, je suis tombé amoureux d'une petite ville nordique, capricieuse et dolente, Val d'Or, où j'ai choisi d'enseigner... et d'écrire (romans, pièces de théâtre, essais).»

J.F.

Tout sur les soucoupes volantes. Montréal, Leméac, 1972. 258 p.: ill.
Contes ardents du pays mauve. Montréal, Leméac, 1974. 154 p.
Les humanoïdes: les cerveaux qui dirigent les soucoupes volantes. Montréal, Leméac, 1977. 279 p.: ill.

Jacques FERRON

Gaétan Dostie

Jacques Ferron est né le 20 janvier 1921 à Louiseville. Après avoir étudié aux collèges Jean-de-Brébeuf, St-Laurent et l'Assomption, il obtient son doctorat en médecine à l'Université Laval en 1945. Depuis, il n'a jamais cessé d'exercer sa profession qui le garde en contact avec la réalité «vécue» des Québécois. D'où, sans doute, son engagement social par le biais d'un parti de contestation (le Parti rhinocéros) et surtout d'une littérature resourcée dans l'âme de la tradition. Critique au **Petit Journal** puis à **Maclean** (1966-70), il n'a jamais cessé de tenir la rubrique «Historiette» dans l'**Information médicale**. Il commence à publier, à compte d'auteur, en 1962, mais, dès 1964, le Prix du Gouverneur général lui est attribué. Suivent dix années d'écriture riches et fécondes et la consécration par le Prix de la Société St-Jean-Baptiste (1972) et le Prix David, en 1977.

L'ogre, théâtre. Montréal, Cahiers de la file indienne, 1949. 83 p.

La barbe de François Hertel suivi de **Le licou**, théâtre. Montréal, Éd. d'Orphée, 1951. 40 p.

Le dodu, théâtre. Montréal, Cahiers de la file indienne, 1953. 91 p.

Tante Élise ou le prix de l'amour, théâtre. Montréal, Éd. d'Orphée, 1956. 103 p.

Le cheval de Don Juan, théâtre. Première version, Montréal, Éd. d'Orphée, 1957. 223 p.

Les grands soleils, théâtre. Première version, Montréal, Éd. d'Orphée, 1958. 190 p.

Le licou, théâtre. Montréal, Éd. d'Orphée, 1958. 103 p.

Cotnoir, roman. Montréal, Éd. d'Orphée, 1962. 99 p.

Contes du pays incertain. Troisième édition, Montréal, Éd. d'Orphée, 1962. 200 p.

Cazou ou le prix de la virginité, théâtre. Montréal, Éd. d'Orphée, 1963. 86 p.

La tête du roi, théâtre. Montréal, Presses de l'AGEUM, 1963. 93 p.

Contes anglais et autres. Montréal, Éd. d'Orphée, 1964. 153 p.

Papa Boss, roman. Montréal, Parti Pris, 1966. 142 p.

La charette, roman. Montréal, Hurtubise/ HMH, 1968. 207 p.

Contes. Édition intégrale, Montréal, Hurtubise/HMH, 1968. 210 p.

Théâtre 1, Grands soleils (Nouvelle version, **Tante Élise; Le Don Juan chrétien**, ancien: **Le cheval de Don Juan**). Montréal, Déom, 1968. 229 p.

Théâtre. Montréal, Déom, 1968. 192 p.

Historiettes, récits. Montréal, Éd. du Jour, 1969. 182 p.

Le ciel de Québec, roman. Montréal, Éd. du Jour, 1969. 403 p.

Cotnoir suivi de **La barbe de François Hertel**, théâtre. Montréal, Éd. du Jour, 1970. 127 p.

L'Amélanchier, récit. Montréal, Éd. du Jour, 1970. 163 p.

Le salut de l'Irlande, roman. Montréal, Éd. du Jour, 1970. 221 p.

Les roses sauvages; petit roman suivi d'une lettre d'amour soigneusement présentée. Montréal, Éd. du Jour, 1971. 177 p.

La nuit, roman. Montréal, Parti Pris, 1971. 134 p.

La chaise du maréchal-ferrant, roman. Montréal, Éd. du Jour, 1972. 223 p.

Les confitures de coing et autres textes.
Version corrigée et refondue de **Papa Boss**, version entièrement nouvelle de **La nuit, La créance, Appendice aux confitures de coing**, Montréal, Parti Pris, 1972. 326 p.

Le Saint-Élias, roman. Montréal, Éd. du Jour, 1972. 186 p.

Tales from the Uncertain Country, contes. Trad. anglaise de Betty Bernarski, (titre original: **Contes du pays incertain**), Toronto, Anansi, 1972. v-101 p.

Dr. Cotnoir, roman. Trad. anglaise de P. Cloutier, (titre original: **Cotnoir**), Montréal, Harvest House, 1973. 86 p.

Du fond de mon arrière-cuisine, essai. Montréal, Éd. du Jour, 1973. 290 p.

Théâtre 2, La tête du roi; Le dodu; La mort de M. Borduas; Le permis de dramaturge; L'impromptu des deux chiens. Montréal, Déom, 1975. 192 p.

Escarmouches: la longue passe, essai. 2 vol., Montréal, Leméac, 1975. 227 p.

The Juneberry Tree, roman. Trad. anglaise de Raymond Y. Chamberlain, (titre original: **L'amélanchier**), Montréal, Harvest House, 1975. 157 p.

The Saint Élias, roman. Trad. anglaise de Pierre Cloutier, (titre original: **Le Saint-Élias**), Montréal, Harvest House, 1975. 145 p.

Wild Roses: A Story Followed by a Love Letter, roman. Trad. anglaise de Betty Bernarski, (titre original: **Les roses sauvages: petit roman suivi d'une lettre d'amour soigneusement présentée**), Toronto, McClelland and Stewart, 1976. 123 p.

Les confitures de coing et autres textes suivi de **Le journal des confitures de coing.** Montréal. Parti Pris, 1977. 293 p.: ill, fac-sim., portr.

La cigarette de l'amitié; un acte, deux personnages... Manuscrit original photocopié et relié par la Bibliothèque nationale du Québec (1968), (s.l.), (s.d.).

Papa Boss. Traduit en espagnol à Santiago, Chili, 1973, et brûlé comme littérature cancéreuse.

Madeleine FERRON

Kèro

Originaire de Louiseville, Madeleine Ferron est née le 24 juillet 1922 et a complété des études de lettres et d'ethnographie à l'Université de Montréal et à l'Université Laval. Membre de plusieurs conseils d'administration d'organismes publics, elle est commissaire à la Commission des biens culturels du Québec. Sœur de l'écrivain Jacques Ferron, elle avoue avoir été influencée par celui-ci de même qu'elle fut marquée par trente-deux ans de vie commune avec Robert Cliche. Deux de ses œuvres **La fin des loups-garous** et **Le baron écarlate** reçurent respectivement des mentions pour le Prix France-Québec (1967) et le Prix littéraire de la Ville de Montréal (1972), et un premier prix fut dévolu à une nouvelle historique qu'elle présenta à un concours de la revue **Châtelaine** en 1967. **Le chemin des dames** a été traduit en tchèque et trois de ses autres livres l'ont été en anglais.

La fin des loups-garous, roman. Montréal, HMH, 1966. 187 p.

Cœur de sucre, contes. Montréal, HMH, 1966. 219 p.

Le baron écarlate, roman. Montréal, HMH, 1971. 175 p.

Quand le peuple fait la loi; la loi populaire à Saint-Joseph de Beauce, essai. En coll. avec Robert Cliche, Montréal, Hurtubise/ HMH, 1972. 157 p.

Les beaucerons, ces insoumis, 1735-1867: petite histoire de la Beauce, essai. En coll. avec Robert Cliche, Montréal, Hurtubise/ HMH, 1974. 174 p.: 4 p. de planches, cartes.

Le chemin des dames, nouvelles. Ill. de Ysoult Ferron, Montréal, La Presse, 1977. 166 p.

Jean-Paul FILION

Kèro

Né à Notre-Dame-de-la-Paix en 1927, Jean-Paul Filion, qui a fait ses études à l'École des Beaux-Arts et qui travaille comme décorateur à Radio-Canada (Québec), a poursuivi une carrière parallèle comme chansonnier et dramaturge. Gagnant du Grand Prix de la chanson canadienne en 1958, il enregistre un premier microsillon cette année-là avant de se rendre à Paris où il participe à des émissions de télévision et chante dans plusieurs boîtes de la Rive Gauche. De retour au pays, il écrira la musique et les paroles pour des longs métrages (O.N.F.) et des séries télévisées à Radio-Canada. Jean-Paul Filion est également auteur de nombreuses séries dramatiques jouées à la radio et à la télévision et de grands téléthéâtres dont **Une marche au soleil** (1963) qui a été présenté à la télévision belge et française et, en version anglaise, à la télévision australienne et anglaise. Jean-Paul Filion a reçu le Prix littéraire du Québec (1963) et le Prix le Choix du libraire (1978).

Du centre de l'eau, poèmes. Montréal, l'Hexagone, 1955. iv-n.p.

Demain les herbes rouges, poèmes. Montréal, l'Hexagone, 1962.

Un homme en laisse, roman. Montréal, Éd. du Jour, 1962.

Chansons, poèmes et la grondeuse. Montréal, Leméac/l'Hexagone, 1973. 87 p.

Saint-André Avelin... le premier côté du monde, roman. Montréal, Leméac, Paris, Éd. R. Laffont, 1975. 282 p.

Mon ancien temps. Réédition du roman **Un homme en laisse**, une nouvelle inédite et une pièce de théâtre **La maison de Jean-Bel**, Montréal, Leméac, 1976. 190 p.

Les murs de Montréal, roman. Montréal, Leméac, 1977. 431 p.

Pierre FILION

Kèro

Né à Frelighsburg, le 27 juin 1951, Pierre Filion poursuit présentement ses études de doctorat à l'Université de Montréal où il a obtenu sa maîtrise ès lettres (1975). Directeur de production aux Éditions Leméac en 1972, puis directeur littéraire en 1975, il est actuellement chef du service de la production aux Presses de l'Université de Montréal. Scripteur pour la radio, secrétaire du Prix de la revue **Études françaises**, il rédige des introductions critiques, des préfaces et des critiques journalistiques pour diverses publications.

Le personnage, roman. Montréal, Leméac, 1972. 99 p.

Impromptu pour deux virus, théâtre. Montréal, Leméac, 1973. 64 p.

La brunante, roman. Montréal, Leméac, 1973. 104 p.

Sainte-bénite de sainte-bénite de mémère, roman. Montréal, Leméac, 1975. 134 p.

Jacques FOLCH-RIBAS

Kèro

Architecte, urbaniste, professeur, commentateur à la radio, Jacques Folch-Ribas mène de front plusieurs carrières. Né à Barcelone (14 novembre 1928), il est membre du comité de direction et du comité de rédaction de la revue **Vie des Arts** depuis 1958 et, depuis 1961, membre du comité de direction de la revue **Liberté**. Également journaliste, il collabore occasionnellement depuis 1950, à divers journaux. Il s'est vu décerner le Prix France-Canada en 1974 pour son roman **Une aurore boréale**, qui a été traduit en langue anglaise. Il a séjourné 11 ans en Espagne, 16 ans en France et habite au Québec depuis 23 ans.

Le démolisseur, roman. Premier titre d'un ouvrage intitulé **La horde des Zamé**, Paris, Éd. R. Laffont, 1970. 225 p.

Le greffon, roman. Deuxième titre d'un ouvrage intitulé **La horde des Zamé**, Montréal, Éd. du Jour/Paris, Éd. R. Laffont, 1971. 309 p.

Jacques de Tonnancour; le signe et le temps, essai-monographie. Montréal, PUQ, 1971. 92 p.: ill. (part en coul.), portr.

Une aurore boréale, roman. Paris, Éd. R. Laffont, 1974. 226 p.

Jordi Bonet; le signe et la terre, essai-monographie. Montréal, CPP, 1964. 80 p.: ill. (part en coul.), portr.

Northlight, Lovelight, roman. Trad. de Jeremy J. Leggatt, (titre original: **Une aurore boréale**), New-York, Reader's Digest Press Editor, 1976. 155 p.

Roger FOURNIER

Kèro

Roger Fournier est né à Saint-Anaclet, en 1929, et est licencié en lettres de l'Université Laval. Il déclare: «le jour où j'ai quitté la ferme de mes parents pour aller au Petit Séminaire en boguey, c'est là que tout a commencé. Tout le reste s'est déroulé à peu près normalement. J'ai voyagé, j'ai connu des êtres extraordinaires et un nombre considérable de c... Ça donne confiance. Je suis réalisateur à la télévision. J'ai aussi réalisé deux longs métrages, mais ça n'a pas tellement d'importance. Je bricole et je sais faire pousser des légumes. C'est très important. Je n'ai reçu aucun prix littéraire connu. Seulement le Prix Louis Barthon, de l'Académie française, pour **Les cornes sacrées**.»

Inutile et adorable, roman. Montréal, CLF, 1963. 204 p.

À nous deux!, roman. Préf. d'Henri Guillemin, Montréal, CLF, 1965. 210 p.

Les filles à Mounne, nouvelle. Montréal, CLF, 1966. 163 p.

Journal d'un jeune marié, roman. Montréal, CLF, 1967. 198 p.

La voix, roman. Montréal, CLF, 1968. 230 p.

L'innocence d'Isabelle, roman. Montréal, CLF, 1969. 238 p.

L'amour humain, (une histoire de Roger Fournier pour un film de Denis Héroux), roman. Montréal, Presses Libres, 1970. 140 p.

Gilles Vigneault, mon ami, essai. Montréal, La Presse, 1972. 205 p.: ill.

La marche des grands, roman. Montréal, l'Actuelle, 1972. 255 p.

Moi, mon corps, mon âme, Montréal, etc..., roman. Montréal, La Presse, Paris, Albin Michel, 1974. 251 p.

Les cornes sacrées, roman. Paris, Albin Michel, 1977. 317 p.

Daniel GAGNON

Né à Giffard le 7 mai 1946, son enfance s'écoule «sur les bords du lac Memphrémagog et à l'ombre du mont Orford». Daniel Gagnon part pour Montréal en 1966 et y termine ses études en 1970 par une licence ès lettres à l'Université de Montréal. Il a travaillé à Sherbrooke comme agent de développement à l'Office de la langue française. En 1968 et 1971, il voyage dans l'Ouest du Canada et des États-Unis. Aujourd'hui, «il vit dans la pauvreté à Sherbrooke, heureux.»

Surtout à cause des viandes; recettes de bonheur, roman. Montréal, CLF, 1972. 111 p.

Loulou, roman. Montréal, CLF, 1976. 160 p.

King Wellington, roman. Montréal, Éd. Pierre Tisseyre, 1978.

Saint-Hilaire-Est,
31 août 48

Mon cher Doyon

"Refus global" m'apportera quelques ennuis. Il m'aura apporté aussi la preuve de votre persévérance de votre courage.

Bravo ! mon cher Doyon.

Puissions nous, tous ensemble, troubler la lourde sieste canadienne.

De tout cœur

P. E. Borduas

Lettre de Paul-Émile Borduas à Jean-Charles Doyon.
Fonds d'archives J.-C. Doyon,
Archives nationales du Québec.

Madeleine GAGNON

Kèro

Madeleine Gagnon, née à Amqui en 1938, détient un baccalauréat en littérature de l'Université St-Joseph du Nouveau-Brunswick, une maîtrise en philosophie de l'Université de Montréal et un doctorat en littérature de l'Université d'Aix-Nice.

Membre du collectif de rédaction de la revue **Chroniques** (1974-76), son activité l'a amenée, depuis dix ans, sur tous les fronts où l'on se battait pour les droits de la personne — et de la littérature. Plus d'une quarantaine d'études critiques et d'essais publiés dans diverses revues québécoises et françaises témoignent de la qualité et de l'ardeur de son engagement de femme, d'écrivain et de québécoise.

Elle est actuellement professeur de lettres à l'Université du Québec à Montréal.

Les morts-vivants, nouvelles. Montréal, HMH, 1969. 174 p.

Portraits du voyage, essai. En coll. avec Patrick Straram le Bison ravi et Jean-Marc Piotte, Sommaire: **Amour parallèle**, par M.G. Montréal, l'Aurore, 1974. 95 p.

Pour les femmes et tous les autres, poèmes. Deux ill. de l'auteur, Montréal, l'Aurore, 1974. 50 p.

Poélitique, poèmes. Montréal, Les herbes rouges, 1975.

La venue à l'écriture, fiction. En coll. avec Annie Leclerc et Hélène Cixous, Paris, 10/18, 1977.

Retailles, essais-poèmes. En coll. avec Denise Boucher, Montréal, Éd. de l'Étincelle, 1977. 163 p.

Antre, poèmes, Montréal, Les herbes rouges, no 63-64, 1978.

Jacques GARNEAU

Anne-Marie Guérineau

Né le 28 novembre 1939 à Québec, Jacques Garneau «végète pendant quelques années: pensionnat, cours classique, université». Période qui se termine à l'Université Laval en 1965 par une licence ès lettres, précédée d'un baccalauréat en pédagogie (1963) et d'un baccalauréat ès arts (1962). Pendant quelque temps, il s'exercera au «maniement des arts martiaux: professeur de littérature, conseiller pédagogique...» Après avoir participé aux activités de «Poètes sur Parole», exposé ses poèmes-tableaux au Chantauteuil (Québec), il a été des grandes manifestations des années '70 (Nuit de la Poésie, etc.). Puis, il se «retire à la campagne comme dans un grand couloir qui se referme sur celui qui s'approfondit...» «Car les archives de la conscience de soi, de la naissance de soi, n'étaient pas dans la carte qu'on m'avait remise en novembre 39.» «J'ai atteint la mort dans trois de mes livres: demain je suis au monde et je trace tout de suite ma mémoire biographique: je me sauterai aux yeux.»

Mémoire de l'œil, roman. Montréal, CLF, 1972. 161 p.

Introduction au théâtre de Jean Barbeau. Montréal, Leméac, 1972.

Inventaire pour St-Denys, roman. Montréal, CLF, 1973. 138 p.

Poèmes à ne plus dormir dans votre sang. Montréal, Nouvelles éd. de l'Arc, 1973. 92 p.

Les espaces de vivre à vif, poèmes. Montréal, Nouvelles éd. de l'Arc, 1973. 93 p.

La mornifle, roman. Montréal, CLF, 1976. 206 p.

Renée GARNEAU

Kèro

Originaire de Québec (8 avril 1925), Renée Garneau a fait de nombreuses recherches en histoire du Québec, particulièrement sur Louis-Joseph Papineau, Laure Conan, Sœur Aurélie Caouette, Chiniquy et le clergé du 19e siècle, de même que sur la ville de Saint-Hyacinthe.

Militante politique et peintre, elle a selon son propre aveu «médité pendant 25 ans avant de plonger dans la carrière d'écrivain».

L'œuf de coq: chronique d'une enfance à Québec, historiettes. Montréal, Éd. du Jour, 1975. 117 p.
L'esprit libre. Trad. de **The Free Mind** du philosophe Robert Powell, Montréal, Quinze, 1977.

Pierre GAUDETTE

Kèro

Né à St-Hyacinthe le 6 novembre 1952, Pierre Gaudette a obtenu, en 1974, son baccalauréat spécialisé en relations humaines de l'Université du Québec à Montréal. Il a produit et réalisé 16 courts métrages (16mm) distribués par Radio-Canada, Cinéma Libre, Les Films du Crépuscule et Faroun Films. Il a également travaillé comme assistant-technicien à Radio-Canada en 1975-76 et, depuis, il poursuit ses études à l'Université de Montréal en vue d'obtenir une maîtrise ès arts en cinéma.

Les problèmes du diable: récit fantastique. Sherbrooke, Naaman, 1978. 99 p.: ill.

Louis GAUTHIER

Né à Montréal, le 4 décembre 1944.

Anna. Montréal, CLF, 1967.
Les aventures de Sivis Pacem et de Para Bellum. Montréal, CLF, 1970.
Les grands légumes célestes vous parlent. Montréal, CLF, 1973.
Souvenir du San Chiquita. Montréal-Nord, VLB, 1978.

Lise GAUVIN

Kèro

Détentrice d'un certificat de littérature allemande de l'Université de Vienne, d'une licence ès lettres de l'Université Laval et d'un doctorat de la Sorbonne, Lise Gauvin est originaire de Québec (9 octobre 1940). Elle est professeur à l'Université de Montréal, critique littéraire et membre du comité de rédaction des revues **Études françaises** et **Possibles**.

«Parti Pris» littéraire. Montréal, PUM, 1975. 217 p.
Giraudoux et le thème d'Électre. Paris, Minard, 1970. 40 p.

Michel GAY

Janine Carreau

Né à Montréal le 5 août 1949, Michel Gay a poursuivi ses études au Collège Sainte-Marie puis à l'Université du Québec. Après avoir parcouru une vingtaine de pays, il a enseigné pendant six ou sept ans avant de se retrouver au secrétariat de l'Union des écrivains québécois où il travaille toujours. Plusieurs de ses poèmes ont paru dans des revues littéraires: **La barre du jour, Co-Incidences, Liberté, Estuaire, Odradek** et **La nouvelle barre du jour** dont il est l'un des fondateurs et le codirecteur. Michel Gay note dans un texte publié en 1972: «Écrire et ne pas écrire sont devenus pour moi une seule et même activité.»

Cette courbure du cerveau, poésie. Montréal, Éd. du Pli, 1973. n.p.

Au fur et à mesure, poésie. Montréal, Éd. du Pli, 1974. n.p.

Coq à l'âme, poésie. Montréal, Éd. du Pli, 1974. n.p.

L'implicite/Le filigrane, poésie. Ill. de Michèle Deraiche. Montréal, NBJ, 1978. 47 p.

Oxygène/Récit. Ill. de Michèle Deraiche. Montréal, Éd. Estérel, 1978. 36 p.

Roland GIGUÈRE

Roland Giguère est né à Montréal en 1929. Il a étudié la gravure à l'École des arts graphiques de Montréal avant de poursuivre ses études à Paris où il a participé aux activités du groupe Phases et du mouvement surréaliste. Il est le fondateur des éditions Erta qui publient des livres d'art où sont soigneusement réunis poèmes et gravures d'écrivains et d'artistes québécois. Plusieurs prix importants ont déjà couronné l'œuvre du poète Roland Giguère: le Prix France-Canada, en 1966, le Grand Prix littéraire de la ville de Montréal, la même année, et le Prix du Gouverneur général, en 1974.

Faire naître, poésie. Montréal, Éd. Erta, 1949. n.p.

Trois pas, poésie. Montréal, Éd. Erta, 1950. n.p.

Les nuits abat-jour, poésie. Montréal, Éd. Erta, 1950. n.p.

Midi perdu, poésie. Montréal, Éd. Erta, 1951. n.p.

Yeux fixes, poésie. Montréal, Éd. Erta, 1951. 20 p.

Images apprivoisées, poésie. Montréal, Éd. Erta, 1953. n.p.

Les armes blanches, poésie. Montréal, Éd. Erta, 1954. 29 p.

Le défaut des ruines est d'avoir des habitants, poésie. Montréal, Éd. Erta, 1957. 108 p.

Adorable femme des neiges, poésie. Ill. par l'auteur. Aix-en-Provence, Éd. Erta, 1959. 12 p.: 6 planches en coul.

L'âge de la parole: poèmes 1949-1960. Montréal, l'Hexagone, 1965. 170 p.

Naturellement, poèmes et sérigraphies. Montréal, Éd. Erta, 1968. 8 f.: 8 planches en coul.

La main au feu, 1949-1968. Deux éditions: commerciale et de luxe, Montréal, l'Hexagone, 1973. 145 p.

La sérigraphie à la colle, Montréal, Éd. Formart, 1973. 32 p.: ill.

Abécédaire, poèmes. Ill. de Gérard Tremblay, Montréal, Éd. Erta, 1975. 1 emboîtage, ill.

J'imagine. Lithographies de Gérard Tremblay, Montréal, Éd. Erta, 1976. 13 f., 10 f. de planches en coul.

Forêt vierge folle. Montréal, l'Hexagone, 1978. 219 p.: ill.

Jacques GODBOUT

Kèro

Jacques Godbout est né à Montréal le 27 novembre 1933.

Après avoir obtenu une maîtrise ès arts à l'Université de Montréal en 1954, il enseigne le français en Éthiopie jusqu'en 1957.

En 1958, Jacques Godbout se retrouve publicitaire avant d'entrer à l'Office national du film où il entreprend et poursuit jusqu'à aujourd'hui une carrière de cinéaste. Il réalise, entre autres, **Kid Sentiment, La Gammick** et **Derrière l'image**. La plupart de ses courts et longs métrages ont remporté des prix dans les différents festivals internationaux.

Poète, romancier, essayiste, dramaturge, journaliste et cinéaste, il est l'un des membres fondateurs de la revue littéraire **Liberté**. Il a aussi participé à la fondation du Mouvement laïque en 1960 et plus tard, en 1968, du Mouvement Souveraineté-Association.

Plusieurs prix importants ont couronné son œuvre littéraire: le Prix France-Canada (1962) pour son roman **L'aquarium**, le Prix du Gouverneur général (1967) pour **Salut Galarneau!**, le Prix Dupau de l'Académie française (1973) pour **D'amour P.Q.**; le Prix Duvernay et plus tard, en 1978, le Prix Belgique-Canada lui ont été décernés pour l'ensemble de son œuvre.

Jacques Godbout a été l'un des fondateurs et le premier président de l'Union des écrivains québécois.

Carton-pâte, poésie. Paris, Seghers, 1956. 38 p.

Les pavés secs, poésie. Montréal, Beauchemin, 1958. 90 p.

C'est la chaude loi des hommes, poésie. Montréal, l'Hexagone, 1960. 67 p.

L'aquarium, roman. Paris, Éd. du Seuil, 1962. 156 p.

Poésie-Poetry 64, anthologie. En coll. avec John Robert Colombo, Montréal, Éd. du Jour, Totonto, Ryerson Press, 1963. 157 p.

Le couteau sur la table, roman. Paris, Éd. du Seuil, 1965. 157 p.

Le Mouvement du 8 avril, pamphlet. Montréal, M.L.F., 1966.

Salut Galarneau!, roman. Paris, Éd. du Seuil, 1967. 154 p.

En marche vers l'unicité. En coll., Ottawa, Centre catholique de l'Université Saint-Paul, 1967. 171 p.: ill.

Knife on the Table, roman. Trad. anglaise de Penny Williams, (titre original: **Le couteau sur la table**), Toronto et Montréal, McClelland and Stewart, 1968. 128 p.: ill.

La grande muraille de Chine, poésie. En coll. avec John Robert Colombo, Montréal, Éd. du Jour, 1969. 115 p.: ill.

Hail Galarneau!, roman. Trad. anglaise de Alan Brown, (titre original: **Salut Galarneau!**), Don Mills (Ontario), Longman, 1970. 131 p.

D'amour P.Q., roman. Montréal, Hurtubise/HMH, Paris, Éd. du Seuil, 1972. 155 p.

L'interview, texte radiophonique. En coll. avec P. Turgeon, Montréal, Leméac, 1973. 59 p.

Le réformiste, essai. Montréal, Quinze/Éd. Int. A. Stanké, 1975. 199 p.

L'isle au dragon, roman. Paris, Éd. du Seuil, 1976. 157 p.

Marcel GODIN

Kèro

Marcel Godin naît à Trois-Rivières le 10 mars 1932. Autodidacte, il est «journaliste, concepteur d'émissions, conseiller en information générale, adaptateur, conseiller pour l'enseignement de la langue seconde auprès du Ministère de l'Éducation du Québec, interviewer, animateur, «rewriter» et parfois chômeur.» Outre ces activités para-littéraires auxquelles il s'adonne à l'occasion, il est aussi représentant littéraire d'une maison d'édition française, lecteur pour plusieurs éditeurs québécois et fut membre du jury du Prix l'Actuelle en 1973. Il a été boursier du Conseil des Arts du Canada et a reçu une mention, en 1966, pour le Prix David de la province de Québec pour **Ce maudit soleil**.

La cruauté des faibles, nouvelles. Montréal, Éd. du Jour, 1961. 127 p.

Ce maudit soleil, roman. Paris, R. Laffont, 1965. 189 p.

Une dent contre Dieu, roman. Paris, R. Laffont, 1969. 210 p.

Danka, roman radiophonique. Montréal, l'Actuelle, 1971. 173 p.

Confettis, nouvelles. Ill. de Louisa Nicol, Montréal, Éd. Int. A. Stanké, 1976. 179 p.

Manuscrit, prose poétique. Montréal, Éd. Int. A. Stanké, 1978. 130 p. manuscrites.

Jacques GOUIN

Pierre Wibaut

Né en 1919 à Montréal, Jacques Gouin poursuit ses études à l'Université McGill, où il obtient un baccalauréat spécialisé en langues et littératures françaises et anglaises en 1941. La découverte de la littérature anglaise en a fait «un angliciste passionné, bien que toujours très québécois.» Après avoir participé à la Deuxième Grande Guerre en tant qu'officier de l'artillerie, il termine ses études en sciences politiques à l'Université d'Ottawa et devient journaliste littéraire au journal **Le Droit**, poste qu'il occupera pendant trente-cinq ans. Très intéressé par l'hisoire, il a fondé deux sociétés historiques régionales ainsi qu'une revue, **Asticou**, dont il fut rédacteur en chef pendant dix ans. Critique de livres historiques, collaborateur au **Dictionnaire des Œuvres Littéraires du Québec** et au **Dictionnaire biographique du Canada**, il a aussi rédigé des biographies de l'histoire du Canada pour les adolescents.

Singulier champ de bataille. Les opérations en Corée et leurs effets sur la politique de défense du Canada. Trad. de l'anglais, Ottawa, Ministère de la Défense nationale, 1966. 354 p.

Par la bouche de nos canons; histoire du 4e régiment d'artillerie moyenne/4th Cdn Medium Regiment RCA/1941-1945. Hull, Imprimerie Gaspar, 1970. 248 p.: 52 p. ill., cartes, portr.

Armes, hommes et gouvernements: les politiques de guerre du Canada (1939-1945). Trad., Ottawa, Ministère de la Défense nationale, 1970. 747 p.

William-Henry Scott, ou le destin romanesque et tragique d'un rebelle de 1837. Hull, Société historique de l'Ouest du Québec, 1972. 40 p.: ill., carte, portr., fac-sim.

Témoins silencieux: guide historique et descriptif des monuments et cimetières. Toronto, Hakkert Pub., 1974. 249 p.

Le Canada et la Première Guerre Mondiale. Trad., Ottawa, Musée de la guerre et Ministère des anciens combattants, 1974. 250 p.

Le Jour-J, histoire. Trad., Ottawa, Musée de la guerre et Ministère des anciens combattants, 1974.

Le Canada et la Normandie, correspondance. Préf. du général J.-A. Dextraze, Montréal, Éd. du Jour, 1975. 341 p.

Lettres de guerre d'un Québécois, 1942-1945, correspondance. Préf. du général J.-A. Dextraze, Montréal, Éd. du Jour, 1975. 341 p.

Antonio Pelletier: la vie et l'œuvre d'un médecin et poète méconnu (1876-1917), biographie comprenant l'œuvre complète. Montréal, Éd. du Jour, 1975. 202 p.

Les Panet: la famille militaire la plus remarquable du Canada (1740-1975). Toronto, Hakkert Pub., 1979.

Jacques GRAND'MAISON

«... Au collège de Sainte-Thérèse, Jacques Grand'Maison fut tour à tour responsable de la coopérative collégiale, directeur du journal, organisateur d'une association régionale d'étudiants, animateur de ciné-club et initiateur d'échanges avec les mouvements ouvriers et populaires du milieu.

Après son ordination sacerdotale, il s'engageait dans une expérience-pilote de formation des jeunes chômeurs. Expérience accompagnée d'une étude sur la situation du secteur professionnel en éducation au Québec. Ces travaux allaient inspirer à la fois la première législation sur le recyclage et le reclassement de la main-d'œuvre et la réforme des écoles techniques. Il commençait déjà à établir les bases d'une pédagogie sociale originale qui allait jouer une influence importante dans les divers mouvements sociaux du Québec.

En 1960, il entreprenait des études doctorales (sociologie-théologie) qui devaient le mener à une thèse frontière sur la sécularisation. Toujours soucieux de suivre l'évolution des nouvelles pratiques d'intervention, il s'est associé à plusieurs initiatives de sociologie appliquée en développement régional, en réformes urbaines, agraires et industrielles, particulièrement en France, en Angleterre et en Italie.

Dès son retour (1965), il entreprenait une étude sur la dégradation socio-économique de Saint-Jérôme, qui devait susciter un mouvement de relance auquel il n'a cessé d'apporter sa collaboration jusqu'à aujourd'hui.

En liaison profonde avec ce travail sur le terrain, son enseignement à l'Université de Montréal devenait un lieu de distance critique, de recherche approfondie et de transmission d'une expérience constamment enrichie. Depuis 1970, J. Grand'Maison anime une équipe interdisciplinaire qui a produit des travaux de recherche, de pédagogie et d'expérimentation qui ont influencé plusieurs milieux universitaires au Québec. Il collabore également à des projets de recherche-action initiés par divers ministères gouvernementaux. Ce fut le cas particulièrement dans la vaste entreprise Castonguay-Nepveu. Au plan pastoral, il est conseiller théologique auprès des évêques. Il consacre un mois par année à des collaborations internationales en matière de développement.

Ses ouvrages sont en quelque sorte les jalons d'un itinéraire intellectuel, socio-politique et religieux qui apportent un éclairage original sur l'évolution du Québec contemporain et des sociétés occidentales.»

J.G.

Crise de prophétisme, essai. Montréal, l'Action catholique canadienne, 1965. 315 p.

La paroisse en concile; coordonnées sociologiques et théologiques, essai. Montréal, Fides, 1966. 300 p.

L'Église en dehors de l'église, essai. Montréal, Institut dominicain de pastorale, 1966. 208 p.

Le monde et le sacré. 2 vol., Paris, Éd. Ouvrières, 1966-68.

Vers un nouveau pouvoir, essai. Montréal, Hurtubise/HMH, 1969. 257 p.

Nationalisme et religion, essai. 2 vol., Montréal, Beauchemin, 1972.

Stratégies sociales et nouvelles idéologies; un instrument d'analyse et d'action pour les engagés sociaux politiques et culturels, essai. Montréal, Hurtubise/HMH, 1970. 266 p.

Nouveaux modèles sociaux et développement, essai. Montréal, Hurtubise/HMH, 1972. 491 p.: ill.

La seconde évangélisation, essai. 2 vol., Montréal, Fides, 1973.

Symboliques d'hier et d'aujourd'hui: un essai socio-théologique sur le symbolisme dans l'église et la société contemporaine. Montréal, Hurtubise/HMH, 1974. 318 p.

Le privé et le public, essai. 2 vol., Montréal, Leméac, 1974. 515 p.

Des milieux de travail à réinventer, essai. Montréal, PUM, 1975. 254 p.

Une tentative d'autogestion. Montréal, PUM, 1975. 228 p.: diag.

Pour une pédagogie sociale d'autodéveloppement en éducation. Montréal, Éd. Int. A. Stanké, 1976. 191 p.: diag.

Au mitan de la vie. Montréal, Leméac, 1976. 210 p.

Une philosophie de la vie. Montréal, Leméac, 1977. 290 p.

L'école enfirouapée, essai. Montréal, Éd. Int. A. Stanké, 1978. 156 p.

Une société en quête d'éthique. Montréal, Fides, 1978. 207 p.

Quel homme? Montréal, Leméac, 1978. 146 p.

Quelle société? Montréal, Leméac, 1978. 162 p.

Pierre GRAVELINE

Kèro

Pierre Graveline est né en 1952 à Verdun. Journaliste et concepteur graphique pour la C.S.N., il réalise des journaux, des brochures, des tracts et participe de façon régulière au journal **Le Travail**. Il a été responsable de l'information dans plusieurs conflits ouvriers (1972-77). Il est directeur de la collection «Parti pris ouvrier» aux éditions Parti Pris (1977). Il a travaillé comme recherchiste et scénariste: avec Pierre Joyal, il a conçu des vidéos pour le Service d'éducation des adultes à la C.U.M. (1978). Auteur du manifeste **Prenons notre musique en main**, il participe à la fondation du Syndicat de la musique du Québec dont il est élu président en 1978. Pierre Graveline est aussi l'auteur de contes et comptines pour enfants.

Chansons d'icitte. Montréal, Parti Pris, 1977. 128 p.

Prenons la parole. Montréal, Parti Pris, 1978. 144 p.

Jean-Pierre GUAY

Kèro

Jean-Pierre Guay est né à Québec en juin 1946. Il est scénariste, recherchiste, auteur de chansons, journaliste, agent d'information, attaché de presse, secrétaire de rédaction, coordonnateur de manifestations culturelles, en un mot: écrivain. Son premier livre **Mise en liberté** lui a valu le Prix du Cercle du livre de France en 1974. Il a aussi obtenu le Prix international La licorne en 1972 pour un recueil de poèmes encore inédit. En 1971, boursier du Gouvernement français, il fait un stage de perfectionnement en journalisme, au journal le **Figaro**. Il est membre du comité de rédaction de la revue **Estuaire**, dont il fut l'un des fondateurs en 1976.

Mise en liberté, roman. Montréal, Pierre Tisseyre éditeur, 1974. 134 p.
Porteur d'os, poésie. Paris, Guy Chambelland éditeur, 1974. 60 p.
Voir les mots, essai. Préface de Pierre Tisseyre, Montréal, Pierre Tisseyre éditeur, 1975. 109 p.
O l'homme!, poésie. Paris, Guy Chambelland éditeur, 1975. 69 p.

Philippe HAECK

Kèro

«Autoportrait. Capricorne: 27 décembre 1946. Enfance catholique prise dans des pères de toutes sortes, cette enfance va jusqu'à vingt-cinq ans; depuis je reviens sur cette enfance si ordonnée. La vie de couple commence à vingt ans avec Pâques — elle se poursuit dans les conflits et les coïncidences. L'activité littéraire publique commence en 1974: critique je me suis donné sans le vouloir plusieurs ennemis, poète j'ai trouvé quelques amis. Enseignant la littérature depuis 1968 je suis passé du rôle de tyran au métier d'accoucheur — voilà pourquoi j'aime les sages-femmes, les musicien(ne)s, les philosophes, les communistes. Quand je regarde un enfant joyeux je vois déjà comment le système va le détruire: je suis désespéré et joyeux, angoissé et résistant.»

Ph. H.

Nattes, poèmes. Montréal, Les herbes rouges, 1974. 36 p.
L'Action restreinte. De la littérature, essais. Montréal, l'Aurore, 1975. 112 p.
Tout va bien, poèmes. Montréal, l'Aurore, 1975. 96 p.
Les dents volent, poèmes. Montréal, Les herbes rouges, 1976. 52 p.
Polyphonie. Roman d'apprentissage, poèmes. Montréal-Nord, VLB éditeur, 1978. 316 p.

Jean
HALLAL

«Né le 4 mars 1942 à Alexandrie, en
Égypte, de descendance arménienne, Alfred
Jean Hallal passe son enfance et son adolescence au Moyen-Orient. Il arrive au Québec
en 1959, à l'âge de 17 ans. Après une
courte durée à la faculté de polytechnique
de l'Université McGill, à Montréal, il quitte
définitivement les études formelles. Durant
la période de 1960 à 1975, il frôle la peinture, la sculpture et écrit un peu, par bribes. Il travaille avec des ingénieurs sur la
conception du premier réacteur nucléaire
de pouvoir hydro-électrique au Canada et
ensuite tend graduellement vers le design
industriel pour devenir enfin coordonnateur du design et des produits nouveaux
pour la société Domtar. En 1971, il invente
un «système de connexion pour construc-
tions modulaires» et obtient des brevets au
Canada et aux États-Unis. C'est au cours de
ses dernières années dans l'industrie qu'il
écrit son premier ouvrage: **Le songe de
l'enfant-satyre**. Il démissionne du milieu
des cadres d'industrie en 1975. Ensuite,
ayant fondé sa propre compagnie de design, publicité, construction, etc., il travaille
sur divers contrats de conception et de
construction d'intérieurs commerciaux et de
meubles. Il voyage. Le Portugal, la Grèce,
les États-Unis, les Bermudes, un long séjour
en Crète et revient mettre sur pied un
atelier de menuiserie et de fabrication de
meubles dans une région défavorisée du
Québec. En peu de temps, il crée de l'emploi, un centre d'amusement pour les jeunes
et des cours pour adultes en menuiserie
dans son atelier. Il quitte le Québec vers le
début de 1978 et s'occupe à construire des
habitations à prix modiques dans plusieurs
pays en voie de développement de la mer
des Antilles. Il continue dans le domaine du
design industriel et la conception d'envi-
ronnements et d'aménagements pour le
tourisme dans les îles.»

J.H.

**Le songe de l'enfant-satyre; aventure ver-
bale**, poésie. Montréal, l'Hexagone, 1973.
39 p.
La tranche sidérale; hyperbole, poésie.
Montréal, l'Hexagone, 1974. 49 p.
Le temps nous, poésie. Montréal, l'Hexagone, 1977. 48 p.: ill.
Le temps nous, poésie. Trilogie réunissant les
trois premiers ouvrages, Montréal,
l'Hexagone, 1977. 143 p.: ill.

Anne HÉBERT

La Presse

C'est en 1954 qu'Anne Hébert (née le 1er août 1916 à Sainte-Catherine-de-Fossambault) séjourne en France pour la première fois. Auparavant elle avait étudié aux collèges Notre-Dame de Bellevue et Merici, à Québec, avant de travailler à Radio-Canada (Québec) et à l'Office national du film. Son premier livre **Les songes en équilibre** reçut le Prix David (1943). La suite de son œuvre est aussi ponctuée de nombreuses autres récompenses littéraires: Prix David, de nouveau, en 1952; les Prix Duvernay et France-Canada en 1958; le Prix de la province de Québec en 1959; en 1961, 1967 et 1971 successivement les Prix du Gouverneur général, Molson, des Libraires et de l'Académie royale de Belgique; en 1976, les Prix Pierre de Monaco et de l'Académie française et enfin le Prix David en 1978 qui couronne l'ensemble de son œuvre. Le cinéaste Claude Jutra a mis en images son roman **Kamouraska** et l'Université de Toronto lui décerna un doctorat *honoris causa* en 1969. Malgré cette carrière remplie d'honneurs, Anne Hébert mène une vie «en marge» (...) «je crois que le fait d'écrire nous met un peu à part et on écrit parce qu'on est déjà à part. Ça commence comme ça.»

Membre de la Société Royale du Canada, Anne Hébert est aussi membre d'honneur de l'Union des écrivains québécois.

Les songes en équilibre, poésie. Montréal, l'Arbre, 1942. 156 p.

Le torrent, nouvelles. Montréal, Beauchemin, 1950. 171 p.

Le tombeau des rois, poésie. Prés. de Pierre Emmanuel, Québec, Le Soleil, 1953. 76 p.

Les chambres de bois, roman. Préf. de Samuel de Sacy, Paris, Éd. du Seuil, 1958. 189 p.

Poèmes. Le tombeau des rois et **Mystère de la parole**. Préf. de Pierre Emmanuel, Paris, Éd. du Seuil, 1960. 109 p.

St-Denys Garneau and Anne Hébert. Translations/Traductions. Trad. anglaise de F.R. Scott, Préf. de G. Marcotte, textes français et trad. anglaise en regard, Vancouver, Klanak Press, 1962. 49 p.

Le torrent suivi de **Deux nouvelles inédites**. Montréal, HMH, 1963. 248 p.

Le temps sauvage. La mercière assassinée. Les invités au procès, théâtre. Montréal, HMH, 1967. 187 p.

The Tomb of the Kings, poésie. Trad. anglaise de P. Miller, (titre original: **Le tombeau des rois**), Toronto, Contact Press, 1967. 91 p.

Dialogue sur la traduction à propos du «Tombeau des rois». En coll. avec F.R. Scott, Prés. de Jeanne Lapointe, Préf. de N. Frye, Montréal, HMH, 1970. 109 p.

Kamouraska, roman. Paris, Éd. du Seuil, 1970. 249 p.

The Torrent: Novellas and Short Stories. Trad. anglaise de Gwendalyn Moore, (titre original: **Le torrent** et **Deux nouvelles inédites**), Montréal, Harvest House, 1973. 141 p.

Kamouraska, roman. Trad. anglaise de Norman Shapiro, Toronto, Musson Book Co., 1973. 250 p.

Poems. Trad. anglaise de Alan Brown, (titre original: **Poèmes**), Don Mills, Musson Book Co., 1975. x-76 p.

Les enfants du sabbat, roman. Paris, Éd. du Seuil, 1975. 186 p.

Children of the Black Sabbath, roman. Trad. anglaise de Carol Dunlop-Hébert, (titre original: **Les enfants du sabbat**), Don Mills, Musson Book Cot., 1977. 198 p.

François HÉBERT

André Larose

Né à Montréal le 23 avril 1946, François Hébert a fait ses études au collège Stanislas, à l'Université de Montréal et à l'Université d'Aix-Marseille dont il a obtenu un doctorat de troisième cycle en 1972. Il a séjourné en Provence de 1966 à 1972. Depuis son retour au Québec, il enseigne la littérature à l'Université de Montréal. Il a publié plusieurs articles dans diverses revues et journaux, et a collaboré à de nombreuses émissions de Radio-Canada. D'abord codirecteur de la collection «Indépendance» (Leméac), il l'est maintenant de la collection «Prose entière» (Quinze). Il est membre du comité de direction de la revue **Liberté** depuis 1976 et du comité organisateur de la Rencontre québécoise internationale des écrivains depuis 1979.

Barbarie, proses. Avec un frontispice de Roland Giguère, Montréal, Estérel, 1978. 30 p.

Triptyque de la mort, essai sur les romans de Malraux. Coll. «Lectures», Montréal, PUM, 1978. 247 p.

Holyoke, roman. Coll. «Prose entière», Montréal, Quinze, 1979. 304 p.

Vaisseau d'or et croix de chemin. Tome III de l'**Anthologie de la littérature québécoise**. En coll. avec Gilles Marcotte, Montréal, La Presse, 1979.

Louis-Philippe HÉBERT

Kèro

Poète et nouvelliste, né à Montréal en 1946. Il fait des études classiques au Collège Sainte-Marie. Il effectue un stage à l'Office national du film, enseigne le français dans une école secondaire, prépare pour le Ministère de l'Éducation de l'Ontario des jeux pédagogiques en relation avec l'enseignement du français. Après avoir fait de la radio à Toronto, il devient fonctionnaire aux Archives publiques du Canada et plus tard rédacteur au Ministère des Postes puis à l'agence Information Canada. Ses activités littéraires se rapportent à divers domaines de l'écriture. Il collabore tout à tour aux **Écrits du Canada français**, à **La barre du jour**, à **Passe-partout**, à **Liberté** et à **Hobo-Québec**. Louis-Philippe Hébert a été responsable, aux Éditions du Jour, de la collection «Proses du Jour».

Les épisodes de l'œil, poésie. Ill. de Louis Mc Comber. Montréal, Éd. Estérel, 1967. 97 p.

Les mangeurs de terre (et autres textes), poésie. Montréal, Éd. du Jour, 1970. 235 p.

Le roi jaune, récits. Ill. de Micheline Lanctôt. Montréal, Éd. du Jour, 1971. 321 p.

Le petit catéchisme; la vie publique de W et On, poésie. Ill. de Micheline Lanctôt. Montréal, l'Hexagone, 1972. 95 p.

Récits des temps ordinaires. Montréal, Éd. du Jour, 1972. 154 p.

Le cinéma de petite-rivière, récits. Ill. de Micheline Lanctôt. Montréal, Éd. du Jour, 1974. 111 p.

Textes extraits de vanille, récits. Ill. de Micheline Lanctôt. Montréal, l'Aurore, 1974. 86 p.

Textes d'accompagnement, récits. Ill. de Micheline Lanctôt. Montréal, l'Aurore, 1975. 81 p.

La manufacture de machines, récits. Montréal, Quinze, 1976. 143 p.

Alain
HORIC

Kéro

Né le 3 janvier 1929 à Kulen Vakuf, Bosnie, en Croatie, Alain Horic a poursuivi ses études classiques à Bihac et Banja-Luka (1937-1945), à la Sorbonne comme étudiant libre, à l'Institut Teccart à Montréal (diplôme en radio-électronique 1953), à l'Université de Montréal (maîtrise ès arts en lettres — littératures slaves — 1957) et à l'Université La Salle de Chicago (diplôme en sciences commerciales 1959). Vers l'âge de quinze ans, Alain Holic quittait son pays natal pour se retrouver (illégalement) en Italie, puis en Afrique du Nord et en Extrême-Orient. Son périple le conduira en France avant que «l'oiseau migrateur ne trouve enfin son aire pour atterrir et construire son nid, un 7 février 1952 à Dorval, $20. en poche et une machine à écrire portative». Il publiera ses premiers poèmes dans **Amérique française**, en 1954, «parmi d'autres futurs auteurs de l'Hexagone». À la fin des années cinquante, il fait déjà partie de l'équipe de direction de l'Hexagone qu'il n'a pas quittée depuis.

Alain Horic est aussi un homme d'affaires qui a travaillé chez Freiman, Metropolitan Stores, entre autres, et qui a géré sa propre entreprise d'importation de textile. Il écrit cependant à propos de son travail de poète: «poésie écrite en veilleuse se nourrissant constamment à même la charge intense du vécu, transposée dans la fébrilité de la créativité existentielle pratique, fournissant une matière poétique brute informelle, dont la levure même informulée déborde des tiroirs, cette poésie à dire par l'écriture me préserve des cataclysmes en me faisant jouir des instants qui passent et promettant des lendemains qui chantent.» Travailleur infatigable, Alain Horic, sans pour autant quitter l'Hexagone, participe en 1978, avec Gaston Miron, François et Marcel Hébert, à la fondation des Éditions les herbes rouges.

L'aube assassinée, poésie. Avec deux sérigraphies originales de Jean-Pierre Beaudin. Montréal, Éd. Erta, 1957. 44 p.

Nemir duse (Malêtre), poésie. Avec cinq dessins originaux de Julio Martin Caro. Madrid, Éd. Osvit, 1959. 52 p. (en croate).

Blessure au flanc du ciel, poésie. Montréal, l'Hexagone, 1962. 49 p.

Cela commença par un rêve et ce fut la Création, une série de dix rêves, poésie. Avec 75 photographies tirées des archives. Ottawa, ONF, 1969. 116 p.

Les coqs égorgés, poésie. Montréal, l'Hexagone, 1972. 32 p.

Denise HOULE

Kéro

Denise Houle est née à Montréal le 16 février 1935. Elle a étudié au Collège Maisonneuve et à l'Université de Montréal. Présentement phototécaire à la Direction générale de l'édition (Ministère des Communications), elle prépare une licence en traduction à l'Université de Montréal. Écrivain pour la jeunesse, elle débuta très tôt dans cette voie et remporta le Premier Prix au concours littéraire de **Vie Étudiante** en 1954. Elle a collaboré à plusieurs revues dont **Hérauts, Notre temps** et **Échanges spirituels**. Le Conseil des Arts du Canada lui décernait, en 1977, le Prix de Littérature de jeunesse pour son livre **Lune de Neige**.

Les confidences de Lucie. Dessins de Monique Duguay. Montréal, Fides, 1958. 118 p.

La famille des chanteurs Trapp. Montréal, Fides, 1959. 52 p.: photos du film.

La maison qui chante. Dessins de Louis Chambefort. Montréal, CPP, 1963. 59 p.

Lune de neige. Dessins de Frédéric Castel. Montréal, Société de Belles-lettres Guy Maheux, 1977. 63 p.

La maison d'Émile Nelligan, 3958, rue Laval, à Montréal.
Fonds d'archives photographiques Armour Landry,
Archives nationales du Québec.

Suzanne JACOB

Kèro

Suzanne Jacob est née à Amos en Abitibi. Elle a étudié à Nicolet où elle a terminé ses études classiques tout en s'initiant au théâtre comme comédienne et metteur en scène, et à la musique, comme violoniste.

À Montréal, elle fait une saison de théâtre avec les Apprentis-Sorciers en 1965, puis c'est comme auteur-compositeur-interprète qu'elle revient sur scène en 1970. Elle fait des spectacles de poésie, de monologues et de chansons selon les températures et les saisons.

En 1978, elle a publié **Flore Cocon**, roman, chez Parti Pris. En 1979, c'est **La survie**, recueil de nouvelles, à la nouvelle maison d'édition «le biocreux».

Flore Cocon, roman. Montréal, Parti Pris, 1978.

La survie, nouvelles. Montréal, Biocreux, 1979.

Claude JASMIN

Daniel Jasmin

L'écrivain Claude Jasmin est d'abord céramiste, dessinateur et scénographiste (décorateur à la télévision). C'est en 1950, à l'âge de vingt ans, qu'il donne ses premiers écrits à la radio de Radio-Canada. Son premier roman, **La corde au cou** (1960), lui vaut le Prix du Cercle du livre de France. Il a obtenu aussi le Prix France-Québec en 1964, pour **Éthel et le terroriste**, et le Prix Arthur B. Wood, en 1963, pour sa pièce **Le veau dort**. Les activités de Jasmin sont très variées: il a été critique d'art, professeur, chroniqueur littéraire. Il a collaboré à plusieurs revues et journaux. En 1974-75 et 76 il a écrit un feuilleton autobiographique qui fut présenté à la télévision de Radio-Canada. Il a fait jouer une dizaine de textes dramatiques à la télévision. Claude Jasmin s'intéresse beaucoup aux faits divers et s'en inspire quelquefois.

La corde au cou, roman. Montréal, CLF, 1960. 233 p.

Délivrez-nous du mal, roman. Montréal, Éd. À la page, 1961. 187 p.

Blues pour un homme averti, théâtre. Montréal, Parti Pris, 1964. 93 p.

Éthel et le terroriste, roman. Montréal, Déom, 1964. 145 p.

Et puis tout est silence, roman. Publié pour la première fois en 1960 dans les **Écrits du Canada français**, no 7, Montréal, Éd. de l'Homme, 1965. 159 p.

Pleure pas, Germaine, roman. Montréal, Parti Pris, 1965. 167 p.

Roussil manifeste, interview et commentaires de Claude Jasmin, Montréal, Éd. du Jour, 1965. 88 p.

Les artisans créateurs, essai. Montréal, Lidec, 1967. 118 p.: portr.

Les cœurs empaillés, nouvelles. Montréal, Parti Pris, 1967. 135 p.

Rimbaud, mon beau salaud!, roman. Montréal, Éd. du Jour, 1969. 138 p.

Jasmin par Jasmin, dossier. Montréal, C. Langevin, 1970. 138 p.

Tuez le veau gras, théâtre. Montréal, Leméac, 1970. 79 p.

L'Outaragasipi, roman. Montréal, l'Actuelle, 1971. 207 p.

C'est toujours la même histoire. Montréal, Leméac, 1972. 53 p.

La petite patrie, récit. Montréal, La Presse, 1972. 141 p.

Pointe-Calumet boogie-woogie, récit. Montréal, La Presse, 1973. 131 p.

Sainte-Adèle-la-vaisselle, récit. Montréal, La Presse, 1974. 132 p., 2 p. de planches: ill.

Revoir Éthel, roman. Montréal, Éd. Int. A. Stanké, 1976. 169 p.

Le loup de Brunswick city, roman. Montréal, Leméac, 1976. 119 p.

Feu à volonté, recueil d'articles. Montréal, Leméac, 1976. 289 p.

Danielle, ça va marcher!, reportage. Propos recueillis par C. Jasmin, Montréal, Éd. Int. A. Stanké, 1976. 175 p.: portr.

Feu sur la télévision, recueil d'articles. Montréal, Leméac, 1977. 177 p.

Jeanne d'Arc JUTRAS

Engagée dans la lutte pour l'émancipation sexuelle de la femme, Jeanne d'Arc Jutras est née à Sainte-Brigitte dans le comté de Nicolet, le 14 février 1927. Autodidacte, fortement préoccupée par la reconnaissance des droits et libertés civiques, c'est une courte entrevue réalisée en 1973 et portant sur l'homosexualité féminine qui l'incite à écrire **Georgie**, son unique roman publié. L'adoption, en décembre 1977, de la loi 88 par l'Assemblée nationale du Québec et l'Année internationale de la femme (1975) furent pour elle des événements marquants.

Georgie, roman. Montréal, Éd. de la Pleine lune, 1978.

Georges KHAL

«Né le 6 mai 1945 à Haifa (Palestine) de mère bulgare orthodoxe et de père arabe francophone et chrétien. Transplanté au Québec en 1951. Études classiques chez les Sulpiciens. Deux années d'université évaporées dans l'incandescence de la révolution culturelle de 1966-69. McLuhan, Marcuse, N. O'Brown, Leary, LSD, cannabis. Dropout en '68. Pusher un an, six mois prison, sortie en '70. Rencontre avec Jean Basile: décision de fonder le magazine **Mainmise** qui paraît en octobre '70. Rédacteur jusqu'en 1976, avec séjour de 18 mois en Californie. De 1975 à 1977, préparation et corédaction du **Répertoire québécois des outils planétaires**. Depuis 1978, recherchiste et responsable de collections aux éditions Aurore/Univers. Obsession dominante: la cybernétique, complexité et auto-organisation des systèmes et réseaux, et les pitreries savantes du feedback dans l'univers. Prépare une cantate rock sur **Le cimetière marin** de Valéry et dessine les plans d'une maison-serre où expérimenter une approche opératoire de l'orphisme et tester la physique de l'incantation virgilienne.»

G.K.

La marijuana. En coll. avec Jean Basile, Montréal, l'Aurore, 1977. 224 p.
Répertoire québécois des outils planétaires. En coll., Montréal, Mainmise-Flammarion, 1977. 216 p.

Gary KLANG

Kèro

Né à Haïti le 28 décembre 1941, Gary Klang est «un pur produit de la francophonie malgré son nom allemand et son prénom américain». Après avoir quitté Port-au-Prince en 1961, il vit douze ans à Paris où il enseigne le français et où il obtient, en 1973, son doctorat ès lettres de la Sorbonne en soutenant une thèse sur Marcel Proust. Arrivé à Montréal au cours de la même année, il enseigne la stylistique du français à l'Université de Montréal, travaille dans une maison d'édition puis devient traducteur/rédacteur pour une firme d'ingénieurs-conseils. Il publie en 1976 le premier ouvrage en français sur la méditation transcendantale, ouvrage qui demeura longtemps sur la liste des best-sellers. Gary Klang a donc «une expérience à la fois théorique et pratique de l'écriture et il a rédigé des textes dans à peu près tous les domaines, y compris pour le COJO à l'occasion des Jeux Olympiques de Montréal en 1976».

La Méditation transcendantale; l'enseignement de Maharishi Mahesh Yogi, essai. Préface de Roger Marcaurelle, Montréal, Éd. Int. A. Stanké, 1976. 174 p.: ill., diag., graph., portr.

Lise
LACASSE

Kèro

Née à Lachine en 1938, Lise Lacasse a enseigné le français pendant douze ans après avoir obtenu son baccalauréat en pédagogie en 1962. Après un an d'animation scolaire, elle se met à écrire et trois de ses œuvres sont diffusées dans le cadre des émissions radiophoniques et télévisées de Radio-Canada en même temps que paraît son premier livre. Depuis 1973, elle se définit comme «écrivain à temps plein».

Au défaut de la cuirasse, nouvelles. Montréal, Quinze, 1977. 179 p.

Benoît
LACROIX

Kèro

Né à Saint-Michel de Bellechasse le 8 septembre 1915, Benoît Lacroix a étudié au Collège Dominicain d'Ottawa qui lui décernait en 1941 une licence en théologie. En 1946, il obtenait une maîtrise suivie, en 1951, d'un doctorat en sciences médiévales de l'Université de Toronto. Deuxième Prix scientifique de la province de Québec en 1954, il s'est mérité en 1959 la Bourse Guggenheim qui l'a conduit à Harvard. À partir de 1961, il sera invité aux universités de Kyoto, du Rwanda (1966) et de Caën (1973 et 76). Codirecteur et directeur fondateur (1956-75) de **Vie des lettres québécoises**, il est aussi, au cours de cette période, secrétaire de la collection «Classiques canadiens». Professeur titulaire à l'Institut d'études médiévales, il est également professeur invité aux départements d'études françaises de l'Université de Montréal et d'histoire de l'Université Laval; il trouve néanmoins le temps d'animer (en tant que Père dominicain) plusieurs communautés catholiques en plus d'être le fondateur et l'animateur du Centre d'études des religions populaires de Montréal depuis 1967.

Sainte-Thérèse de Lisieux et l'histoire de son âme. Publié sous le pseudonyme de Michel de Ladurantaye, Ottawa et Montréal, Éd. du Lévrier, 1947. 155 p.

Pourquoi aimer le moyen âge?, étude. Montréal, l'Oeuvre des tracts, 1950. 15 p.

Les débuts de l'historiographie chrétienne (ses origines, son esprit, ses méthodes), étude. Toronto, Institute of Mediaeval Studies of Toronto, 1951. 274 p.

L'histoire dans l'antiquité (florilège suivi d'une étude). Préface de H.L. Marrou, Paris et Montréal, J. Vrin/Institut d'études médiévales, 1951. 252 p.

Vie des lettres et histoire canadienne. Préface d'Antonin Lamarche, Montréal, Éd. du Lévrier, 1954. 77 p.

The Development of Historiography. En coll., Harrisburg, (s. ed.), 1954.

Saint-Denys Garneau. Choix de textes groupés et annotés par Benoît Lacroix, Montréal, Fides, 1956. 95 p.: ill., fac-sim., portr.

Compagnons de Dieu, étude. Montréal, Éd. du Lévrier, 1961. 368 p.

Le p'tit train, récit. Ill. de François Gagnon, Montréal, Beauchemin, 1964. 74 p.

Ô Rose et ses idées, essai. Montréal, Institut d'études médiévales, 1965. 235 p.

Le Japon entrevu, voyage. Montréal, Fides, 1965. 113 p.

Le Rwanda: (mille heures) au pays des mille collines, voyage. Montréal, Éd. du Lévrier, 1966. 96 p.

Lionel Groulx. Montréal, Fides, 1967.

Saint-Denys Garneau, Hector de, Oeuvres, édition critique. Texte établi, présenté et annoté par Jacques Brault et Benoît Lacroix, Montréal, PUM, 1971. xxvii-1320 p.

L'historien au moyen âge, étude. Montréal, Institut d'études médiévales, 1971. 300 p.

Les religions populaires: colloque international 1970. Textes édités en coll. avec P. Boglioni, Québec, PUL, 1972. viii-154 p.

Les cloches, récit. Ill. et conception graphique d'Anne-Marie Samson. St-Lambert, Éd. du Noroît, 1974. 70 p.

Michèle LALONDE

Kèro

Née à Montréal en 1937, Michèle Lalonde détient une licence en philosophie de l'Université de Montréal. Elle a collaboré activement à la revue **Liberté** et à quelques autres publications littéraires québécoises et a fait partie de l'équipe de rédaction de **Maintenant**.

Surtout connue par ses écrits sur la question linguistique et nationale (**Panneaux-réclame, Outrage au tribunal, Destination 80, Deffence et illustration de la langue quebecquoyse**), elle a également signé des textes radiophoniques, des commentaires de films, ainsi que le scénario d'un long métrage, **La conquête**, réalisé par Jacques Gagné.

Michèle Lalonde a participé assidûment aux spectacles de Chants et poèmes de la résistance, donnés au profit des prisonniers politiques québécois, à La nuit de la poésie et à diverses manifestations du même genre au Québec et à l'étranger. En compagnie de Jean-François Garneau, guitariste-compositeur, elle présente régulièrement un récital de poésie dans les collèges et les universités.

Elle est professeur d'histoire des civilisations à l'École nationale de théâtre.

Songe de la fiancée détruite, poésie. Montréal, Éd. d'Orphée, 1958. 46 p.

Geôles, poésie. Montréal, Éd. d'Orphée, 1959. 41 p.

Terres des hommes, poèmes pour deux récitants. Montréal, Éd. du Jour, 1967. 59 p.

Speak white, poème-affiche. Montréal, l'Hexagone, 1974. 5 p.

Dernier recours de Baptiste à Catherine, théâtre. Montréal, Leméac/l'Hexagone, 1977. 137 p.

Gilbert LANGEVIN

Kèro

Le fondateur des Éditions Atys (1958), Gilbert Langevin, est né à La Dorée (Lac Saint-Jean) en avril 1938. Il a participé activement à la vie littéraire québécoise en donnant ses poèmes en récital ou en présentant plus de 80 poètes dans des soirées publiques (1964-65). Il a remporté le Prix Du Maurier en 1966 pour **Un peu plus d'ombre au dos de la falaise**. Pauline Julien et le Groupe Offenbach ont interprété plusieurs de ses chansons (1969) et il a fait partie des Chants et poèmes de la résistance ainsi que du Solstice de la poésie québécoise. Ses poèmes ont été traduits en italien, en hébreu, en américain et en anglais. Il est actuellement directeur adjoint d'une maison d'édition.

À la gueule du jour, poésie. Montréal, Éd. Atys, 1959.

Poèmes effigies. Montréal, Éd. Atys, 1960.

Le vertige de sourire, poésie. Montréal, Éd. Atys, 1960.

Symptômes, poèmes. Montréal, Éd. Atys, 1963.

Un peu plus d'ombre au dos de la falaise 1961-1962, poésie. Montréal, Éd. Estérel, 1966. 81 p.

Noctuaire, poésie. Montréal, Éd. Estérel, 1967. 36 p.

Pour une aube, poésie. Montréal, Éd. Estérel, 1967. 72 p.

Ouvrir le feu, poésie. Montréal, Éd. du Jour, 1971. 60 p.

Stress, poésie. Montréal, Éd. du Jour, 1971. 47 p.

Origines, 1959-1967, poésie. Montréal, Éd. du Jour, 1971. 272 p.

Les écrits de Zéro Legel, prose. Montréal, Éd. du Jour, 1972. 156 p.

Novembre suivi de La vue du sang, poésie. Montréal, Éd. du Jour, 1973. 84 p.

Chansons et poèmes 1. Montréal, Éd. Québécoises et Éd. Vert, blanc, rouge, 1973. 78 p.

La douche ou la seringue, écrits de Zéro Legel, deuxième série, prose. Post-face de Lucien Francœur, Montréal, Éd. du Jour, 1973. 114 p.: ill.

Chansons et poèmes 2. Montréal, Éd. Québécoises et Éd. Vert, blanc, rouge, 1974. 76 p.

Griefs, poégrammes. Montréal, l'Hexagone, 1975. 59 p.

L'avion rose: écrits de Zéro Legel, troisième série. Montréal, La Presse, 1976. 102 p.: ill.

Les imagiers. Gravures de Kittie Bruneau et autres. Préf. de Françoise Bujold, Montréal, Éd. Sagitta, 1977. 4 f., 12 f. de planches (part. en coul.).

Mon refuge est un volcan, poèmes. Avec 9 illustrations de Carl Daoust. Montréal, l'Hexagone, 1978. 90 p.

Jacques LANGUIRAND

Kèro

Né à Montréal en 1931, Jacques Languirand va étudier le théâtre à Paris sous la direction de Charles Dullin tout en travaillant à la Radio-télévision française (1949-1953). Ainsi, dès l'âge de dix-huit ans, commence-t-il une double carrière d'homme de théâtre et d'animateur jamais interrompue depuis. Comédien, metteur en scène, scénariste, adaptateur, directeur de troupe, Jacques Languirand est également auteur de comédies et de drames musicaux: **Klondyke** (1965), **Louis Riel** (1967) et de plusieurs pièces dont la plupart ont été traduites et jouées à l'étranger. Il fut secrétaire général de la Comédie-canadienne (1958-59), adjoint du directeur artistique et écrivain en résidence au Théâtre du Nouveau-Monde (1964-66) et professeur invité à l'École nationale de théâtre (1971-72). Parallèlement à sa carrière au théâtre, Jacques Languirand poursuit une carrière active à la radio et à la télévision comme auteur et animateur. Il enseigne depuis sept ans à l'Université McGill, où il est attaché au programme de communication. Parmi les nombreux honneurs qu'il a reçus, mentionnons le Prix du Gouverneur général (roman), le trophée Arthur B. Wood (théâtre) et le trophée Laflèche (radio).

Les grands départs. Montréal, CLF, 1958.
Le gibet. Montréal, CLF, 1960.
J'ai découvert Tahiti et les îles du «bonheur», reportage. Montréal, Éd. de l'Homme, 1961.
Les insolites et **Les violons de l'automne**, théâtre. Montréal, CLF, 1962.
Le dictionnaire insolite. Montréal, Éd. du Jour, 1962.
Tout compte fait, roman. Paris, Denoël, 1963.
Klondyke, théâtre. Montréal, CLF, 1970. 240 p.
De McLuhan à Pythagore, essai. Montréal, Éd. Ferron, 1972.
La voie initiatique, essai. Montréal, Éd. Ferron, 1978.

Paul-Marie LAPOINTE

Kèro

Né à Saint-Félicien au Lac Saint-Jean, le 22 septembre 1929. Études au Séminaire de Chicoutimi, au Collège de Saint-Laurent et à l'École des Beaux-Arts de Montréal. Journaliste depuis 1950, il fut rédacteur en chef du **Magazine Maclean** de 1963 à 1968. Il est aujourd'hui directeur de la programmation de la radio de Radio-Canada. Poète, il a reçu en 1972 le Prix David du Québec et le Prix du Gouverneur général du Canada pour **Le réel absolu**, recueil de ses poèmes écrits entre 1948 et 1965. En 1976, il a reçu le prestigieux Prix du International Poetry Forum aux États-Unis. À cette occasion, une traduction de D.G. Jones d'un choix de ses poèmes a été publiée aux Presses de l'Université de Pittsburg sous le titre: **The Terrors of the Snows**. Des traductions de ses poèmes ont aussi paru dans plusieurs anthologies et revues étrangères, en espagnol, anglais, ukrainien, roumain, hébreu et portuguais.

Le vierge incendié, poésie. Montréal, Mithra-Mythe, 1948. 179 p.

Choix de poèmes; arbres. Montréal, l'Hexagone, 1960. 35 p.

Pour les âmes, poésie. Montréal, l'Hexagone, 1964. 71 p.

Le réel absolu; poèmes, 1948-1965. Montréal, l'Hexagone, 1971. 270 p.

Tableaux de l'amoureuse suivi de **Une, unique; art égyptien; voyage; huit autres poèmes**. Montréal, l'Hexagone, 1974. 101 p.

Bouche rouge, poésie. Lithographies de Gisèle Verreault. Outremont, l'Obsidienne, 1976.

The Terrors of the Snows, poésie. Trad. anglaise de D.G. Jones, (s.l.), Un. of Pittsburg Press, 1976.

Écritures, poésie. L'édition de tête comporte 9 gravures originales en couleurs de Guido Molinari. Montréal, l'Obsidienne, 1979. 1108 p.

Tombeau de René Crevel, poésie. Eaux-fortes originales de Betty Goodwin. Montréal, l'Obsidienne, 1979. 120 p.

Maximilien LAROCHE

Haïtien d'origine, critique, conférencier, Maximilien Laroche est né le 5 avril 1937. Professeur de littérature à l'Université Laval depuis 1971, il est tour à tour membre du comité consultatif pour les littératures francophones de l'Educational Testing Service de Princeton aux États-Unis et membre de plusieurs comités de revues littéraires: **Livres et auteurs québécois, Modern Language Studies, Espace créole**. Il est l'auteur d'une œuvre qui porte autant sur le Québec que sur Haïti, île géographiquement voisine de Cuba où, d'ailleurs, il sera invité, en 1979, à participer au jury du prix littéraire «Las Americas».

Haïti et sa littérature. Montréal, Presses de l'AGEUM, 1963, 93 p.

Marcel Dubé. Montréal, Fides, 1970, 189 p.: ill., fac-sim. portr.

Le miracle et la métamorphose; essai sur les littératures du Québec et d'Haïti. Montréal, Éd. du Jour, 1970. 239 p.

Deux études sur la poésie et l'idéologie québécoises. Québec, Institut supérieur des sciences humaines, Un. Laval, 1975. 40 p.

Le Romancero aux étoiles et l'œuvre romanesque de Jacques-Stephen Alexis. Présentés par M. Laroche, coll. «Classique du monde», Paris, Fernand Nathan, 1978. 77 p.

L'Image comme écho, essais sur la littérature et la culture haïtiennes. Montréal, Éd. Nouvelle Optique, 1978. 241 p.

Jean-Claude LAROUCHE

Michel Gauthier

Originaire de Roberval (15/6/1944), Jean-Claude Larouche travaille comme récréologue depuis 1967. Ex-administrateur de plusieurs organismes sportifs, il occupe présentement un poste de direction au sein du comité organisateur des Championnats du monde de canoë-kayak. Il est l'auteur d'une thèse portant sur Alexis le trotteur, ce célèbre coureur du Lac Saint-Jean, thèse qui constitue une somme de 4 000 heures de recherche.

Alexis le trotteur. Montréal, Éd. du Jour, 1971. 297 p.

Athlète ou centaure. St-Nazaire-de-Chicoutimi, Éd. JCL, 1977. 358 p.

Rina
LASNIER

Armour Landry

Rina Lasnier est née le 6 août 1915 à Saint-Grégoire d'Iberville. Elle a obtenu ses diplômes de littérature française, littérature anglaise et de bibliothéconomie du Collège Marguerite Bourgeoys, de Palace Gate (Exeter, Angleterre) et de l'Université de Montréal. Membre fondatrice de l'Académie canadienne-française, elle est aussi membre de la Société Royale du Canada. La liste des prix et distinctions qu'elle a reçus pour son œuvre est impressionnante: Prix David 1943; Prix et Médaille Duvernay 1957; Prix Mgr Camille Roy 1964; Prix Molson 1971; Prix A.J. Smith, Université du Michigan 1972; Prix et Médaille Lorne Pierce, Société Royale du Canada 1974; Prix David 1974; Prix France-Canada 1973-74. Elle est membre d'honneur de l'Institut Gracian, académie internationale qui lui a décerné en 1977 un doctorat *honoris causa*, membre de la Société d'études et de conférences de Montréal et membre de l'Association des femmes diplômées des universités. Elle reçut, en 1978, la Médaille commémorative de la Reine. Rina Lasnier est membre d'honneur de l'Union des écrivains québécois.

Féérie indienne, poésie. St-Jean, Éd. du Richelieu, 1939. 71 p.: ill.

Images et proses, poésie. St-Jean, Éd. du Richelieu, 1941. 108 p.: illustré de 24 photographies dont 23 de Tavi.

Le jeu de la voyagère, théâtre. Montréal, Société des écrivains canadiens, 1941. 137 p.

La modestie chrétienne, essai. Montréal, Ligue missionnaire étudiante, 1942.

Les fiançailles d'Anne de Noüe, théâtre. Préface de Gustave Lamarche, Montréal, Secrétariat de la L.M.E., 1943. 62 p.

La mère de nos mères, prose. Montréal, Le Messager canadien, 1943. 31 p.: ill.

Madones canadiennes, poésie. En coll. avec Marius Barbeau, Montréal, Beauchemin, 1944. 289 p.: ill.

Le chant de la montée, poésie. Montréal, Beauchemin, 1947. 120 p.: planche en coul.

Notre Dame de la Couronne, par Gustave Lamarche, **Notre Dame du pain**, par Rina Lasnier, **grands jeux scéniques pour le congrès marial d'Ottawa**, théâtre. Joliette, Éd. des Paraboliers du Roi, 1947. 93 p.: ill.

Escales, poésie. Trois-Rivières, Imprimerie du Bien public, 1950. 149 p.

Présence de l'absence, poésie. Montréal, l'Hexagone, 1956. 67 p.

La grande dame des pauvres, poésie. Montréal, Éd. les Sœurs Grises, 1959.

Mémoire sans jours, poésie. Montréal, Éd. l'Atelier, 1960, 138 p.

Miroirs, proses. Montréal, Éd. l'Atelier, 1960. 127 p.

Les gisants suivis des **Quatrains quotidiens**, poésie. Montréal, Éd. l'Atelier, 1963. 109 p.

Rina Lasnier, anthologie. Textes choisis et présentés par J. Marcel, Montréal, Fides, 1965. 96 p.

L'arbre blanc, poésie. Montréal, l'Hexagone, 1966. 84 p.

L'invisible, poésie. Eaux fortes de Marie-Anastasie. Montréal, Éd. du Grainier, 1969. 1 vol.

La part du feu, poésie. Préface de Guy
  Robert, Montréal, Éd. du Songe, 1970.
  91 p.
La salle des rêves, poésie. Montréal, HMH,
  1971. 113 p.
Poèmes, (Avant-dire de l'auteur). 2 vol.,
  Montréal, Fides, 1972. Vol. 1: 322 p., vol.
  2: 322 p.
Le rêve du quart jour, conte. Ill. en coul. de
  Gilles Tibo, St-Jean, Éd. du Richelieu,
  1973. 72 p.
L'échelle des anges. Montréal, Fides, 1975.
  119 p.
Amour. Lacolle, Éd. M. Nantel, 1975. 1
  portefeuille.
Les signes, poésie. Montréal, Hurtubise/
  HMH, 1976. 130 p.
Matin d'oiseaux, poèmes. Montréal, Éd.
  HMH, vol. 1, 1978.
Paliers de paroles, poèmes. Montréal, Éd.
  HMH, vol. 2, 1978.

Bertrand
LEBLANC

Bertrand Leblanc est né au Lac-au-Saumon
en 1929. Après ses études classiques au
Séminaire de Rimouski, il étudia aux Hau-
tes études commerciales à l'Université Laval
et les sciences sociales à l'Université de
Montréal. Homme d'affaires (il fut directeur général du Conseil économique d'Alma
et du Lac Saint-Jean), il est venu à l'écriture
«un peu par accident, un peu par défi.»
Depuis 1975, il consacre la plus grande
partie de son temps à la littérature «cette
belle surprise de sa vie».

Baseball/Montréal. Montréal, Éd. du Jour,
  1970. 191 p.: ill., portr.
Le guide du chasseur. Montréal, Éd. du
  Jour, 1970. 208 p.: ill.
Horace ou L'art de porter la redingote.
  Montréal, Éd. du Jour, 1974. 213 p.
Moi, Ovide Leblanc, j'ai pour mon dire,
  roman. Montréal, Leméac, 1976. 239 p.
Joseph-Philémon Sanschagrin, ministre,
  théâtre. Montréal, Leméac, 1977. 111 p.:
  portr.
Les trottoirs de bois, roman. Montréal, Le-
  méac, 1978. 265 p.

Gilles LECLERC

Ernest Rainville

Né à Saint-Rosaire (Arthabaska), Gilles Leclerc détient un B.A. du Séminaire de Nicolet. Après quelques années d'enseignement à Drummondville et au Collège Ste-Marie, il donna sa démission «jugeant qu'il n'était absolument pas un professeur». Entre 1955 et 1962, on le retrouve journaliste sportif à Radio-Canada où il vivra la grève de 75 jours et «connaîtra la véritable nature des Anglo-Canadiens». Après un séjour à Paris en 1963, il devient agent culturel à l'Office de la langue française, poste qui l'oblige à faire «parjure d'allégeance à S.M. Élisabeth II, sous peine de renvoi». Conférencier, critique, poète, Gilles Leclerc s'occupe également de syndicalisme et poursuit désormais sa voie dans l'essai et la polémique.

La chair abolie, poésie. Montréal, Éd. de l'Aube, 1957. 64 p.
L'invisible occident, dialogues. Montréal, Éd. de l'Aube, 1958. 164 p.
Journal d'un inquisiteur. Montréal, Éd. de l'Aube, 1960. 313 p.

Suzanne-Jules LEFORT

Kèro

Suzanne-Jules Lefort a fait ses études au Collège Marie-Anne de Montréal. Voyages à Vancouver, à Londres, et, en 1971, voyage d'études en arts plastiques à Aix-en-Provence. Deux de ses textes dramatiques ont été diffusés à Radio-Canada en 1978. Elle a sur le métier des manuscrits de romans mais avoue avoir une nette préférence pour les textes dramatiques qui, dit-elle, «laissent plus de place à la liberté d'expression.»

Sortie-Exit-Salida, roman. Montréal, Éd. du Jour, 1973.

Alexis
LEFRANÇOIS

Kèro

Alexis Lefrançois est né en 1943. Il est
avant tout poète mais il est aussi l'auteur de
ce qu'il nomme de «petites choses» telles
que **La belle été** et **Quand je serai grand**. Il
a l'impression d'avoir toujours été en voyage
ou de toujours déménager et pour cause:
de 1955 à 1961, il séjourne à Cologne,
Arnsberg et Cassel en Allemagne; de 1961 à
1964, Liège en Belgique devient son port
d'attache et en 1968 le voici à Élaphonissos
(Laconie) en Grèce où il a un fils, Nicolas;
de 1971 à 1973: Dakar au Sénégal et l'année 1975 se passe tranquillement peut-être
à Élaphonissos. Cette année, il prévoit aller
au Guatemala. Outre ces séjours étrangers,
multiples voyages de courte durée, et notamment en Europe de l'Ouest, en Afrique
du Nord, en Afrique noire francophone et
dans les Caraïbes.

Calcaires. 14 dessins de Miljenko Horvat.
St-Lambert, Éd. du Noroît, 1971. 72 p.
36 petites choses pour la 51. St-Lambert, Éd.
du Noroît, 1972. 64 p.

Mais en d'autres frontières, déjà... Avec 5
lithographies originales de Miljenko Horvat. St-Lambert, Éd. du Noroît, 1976. 1
emboîtage, 33 p., 6 f. de planches en coul.
Rémanences. St-Lambert, Éd. du Noroît,
1977. 88 p.
La belle été suivi de **La tête**, poésie. Avec 9
dessins d'Anne-Marie Decelles. St-Lam-
bert, Éd. du Noroît, 1977. 144 p.
Quand je serai grand, poésie. Coll. «Tire-
lyre», Paris, L'école des loisirs, 1978. 22 p.
Églantine et Mélancolie, conte. Paris, Gras-
set/Jeunesse, 1979.

Serge LEGAGNEUR

Néé à Haïti en 1937, Serge Legagneur, après des études universitaires en littérature, participe activement à la vie littéraire de son pays (fondation de la revue **Haïti-littéraire**, direction de la revue **Semences**, collaboration à divers journaux et revues, conférences, etc.) avant de s'exiler au Québec en 1955. Bientôt muni d'un baccalauréat en psychopédagogie de l'UQAM, il enseigne à Thetford Mines puis à Pointe-aux-Trembles. Parfaitement intégré au milieu québécois, il y fait entendre la voix de son pays d'origine grâce à des interviews, des conférences, des récitals. Il continue de publier dans diverses revues et est lecteur dans une maison d'édition.

Textes interdits, poèmes. Montréal, Estérel, 1965. 140 p.
Textes en croix, poèmes. Montréal, Nouvelle Optique, 1978. 148 p.

Louise LEMIEUX

Louise Lemieux est née à Montréal le 19 mai 1932. Elle a étudié au Collège Marie-Anne. Elle a tracé sa propre biographie, sur un ton humoristique, dans son livre **Pirouettes et culbutes**.

Pirouettes et culbutes, autobiographie humoristique. Montréal, CLF, 1977. 173 p.

Wilfrid
LEMOINE

Kèro

C'est entre deux périodes consacrées à l'étude des lettres à la Sorbonne, de la philosophie et de la linguistique au Collège de France, que Wilfrid Lemoine commence une carrière de journaliste dans la presse écrite. Il rédige une chronique littéraire et cinématographique dans l'hebdomadaire **L'Autorité** (1953-54), mais s'oriente rapidement vers la presse parlée. Chroniqueur de poésie québécoise à la radio d'État pendant quelques années, il devient, à partir de 1975, animateur d'émissions culturelles. Wilfrid Lemoine est resté fidèle aux écrivains qui ont marqué sa jeunesse: Rimbaud, Spinoza, et Thomas Mann; fidèle aussi à sa terre natale: «De longs séjours en Europe, écrit-il, j'ai ramené un goût toujours plus ardent de nos racines culturelles, que je transplante dans mon coin des Cantons de l'Est.»

Les pas sur terre, poésie et fantaisies dramatiques. Montréal, Chanteclerc, 1953. 125 p.

Réhabiliter l'homme dans l'amour de son mystère. (Avant-poèmes). Montréal, Éd. de l'Autorité, 1955. 127 p.

Les anges dans la ville suivi de **L'ange gardien** et de **L'ange de la solitude**, nouvelles. Montréal, Éd. d'Orphée, 1959. 150 p.

Sauf-conduits, poésie. Montréal, Éd. d'Orphée, 1963. 59 p.

Le funambule, roman. Montréal, CLF, 1965. 158 p.

L'interview à la télévision. Montréal, Office des communications sociales, 1968. 93 f.

Le déroulement, roman. Montréal, Leméac, 1976. 317 p.

CLÉMENT MARCHAND

LES SOIRS ROUGES

Poèmes

Dessin de Maurice Blackburn

Editions du Bien Public

Maquette du livre **Les soirs rouges** du poète
Clément Marchand réalisée par Maurice
Blackburn.
Bibliothèque Anaïs Allard-Rousseau,
Archives nationales du Québec.

Françoise LORANGER

Né à Saint-Hilaire en 1913, Françoise Loranger écrit dès son tout jeune âge et sa rencontre avec Robert Choquette, en 1939, confirmera son choix pour l'écriture. D'abord auteur de séries radiophoniques, elle écrit ensuite des téléthéâtres et deux feuilletons télévisés avant de commencer sa carrière de dramaturge. Le succès est immédiat, aussi bien au Québec qu'en Russie et en France. Pourtant, en 1968, Françoise Loranger rompt avec le théâtre traditionnel et écrit trois pièces contestataires qui donnent lieu à maintes controverses. Son dernier texte **Un si bel automne...** n'a pas franchi la censure de la télévision d'État. Françoise Loranger a reçu le Prix du Gouverneur général en 1968.

Mathieu. Montréal, CLF, 1949. 347 p.

Une maison... un jour..., pièce en deux actes. Montréal, CLF, 1965. 151 p.

Encore cinq minutes suivi de **Un cri qui vient de loin**. Montréal, CLF, 1967. 131 p.

Le Chemin du Roy, comédie patriotique. En collaboration avec Claude Levac, Montréal, Leméac, 1969. 135 p.

Double jeu, pièce en deux actes. Notes de mise en scène d'André Brassard, Montréal, Leméac, 1969. 212 p.

Médium saignant. Introduction d'Alain Pontaut, Montréal, Leméac, 1970. 139 p.

Jour après jour suivi de **Un si bel automne**. Montréal, Leméac, 1971. 94 p.

Louise MAHEUX-FORCIER

Comment passe-t-on de la musique à l'écriture? Sans doute en optant pour la musique des mots... C'est ce qu'a fait Louise Maheux-Forcier, pianiste, participante remarquée au Concours du Prix d'Europe 1952 et qui, en 1959, abandonnait une carrière musicale bien amorcée pour se consacrer définitivement à l'écriture. Elle reçut confirmation du bien fondé de son choix en remportant en 1963 le Prix du Cercle du livre de France pour son premier roman, **Amadou**. Elle a obtenu aussi en 1970 le Prix du Gouverneur général pour **Une forêt pour Zoé**. Depuis cette date, Louise Maheux-Forcier a écrit plusieurs dramatiques pour la télévision dont **Un arbre chargé d'oiseaux** (1975), finaliste au Concours Louis-Philippe Kammans. Elle a aussi écrit pour la radio et participé à des émissions culturelles. Plusieurs de ses textes ont été publiés dans les **Écrits du Canada français, Liberté, La nouvelle barre du jour**, ainsi que dans le **Bulletin du Centre de recherches en civilisation canadienne-française** (auquel elle a été attaché en 1972 et 1973) et dans **Les**

archives des lettres canadiennes. Elle a été écrivain résident au département d'études françaises de l'Université d'Ottawa en 1974. Membre du jury du Prix Jean Béraud de 1968 à 1970, Louise Maheux-Forcier est, en outre, membre du jury du Prix Belgique-Canada depuis 1974.

Amadou, roman. Montréal, CLF, 1963. 157 p.

L'île joyeuse, roman. Montréal, CLF, 1964. 171 p.

Une forêt pour Zoé, roman. Montréal, CLF, 1969. 203 p.

Paroles et musique, roman. Montréal, CLF, 1973. 167 p.

Neige et palmiers suivi de **Le violoncelle**, théâtre. Montréal, CLF, 1974. 56 p.

Un arbre chargé d'oiseaux, télévision, précédé de **Journal de la maison d'Irène**. Ottawa, PUO, 1976. 177 p.: 4 f. de planches.

Le cœur étoilé suivi de **Chrysanthème** et de **Miroir de nuit**, textes dramatiques. Montréal, CLF, 1977. 233 p.: 5 f. de planches.

Appassionata, roman. Montréal, CLF, 1978. 160 p.

Michèle
MAILHOT

«Michèle Mailhot est née à Montréal en 1933. Baccalauréat ès arts (1951) et baccalauréat en pédagogie (1953) de l'Université de Montréal. Quelques années d'enseignement, dont un été chez les Montagnais de la Côte Nord, puis journaliste (**Points de vue, Le nouveau journal**, Radio-Canada, etc.). Elle a été adjointe au directeur (Presses de l'Université de Montréal), conseiller littéraire (Éditions du Jour), rédactrice (Éditions l'Étincelle), critique littéraire (revue **Châtelaine**) et lectrice pour diverses maisons d'édition. Participation à des rencontres internationales d'écrivains, colloques, panels, rencontres d'étudiants. Un de ses romans a été choisi pour étude à l'Institut Simone de Beauvoir de l'Université Concordia. Rédaction de nombreux textes dramatiques pour Radio-Canada, de nouvelles (revue **Liberté**) et collaboration occasionnelle à diverses revues. Finaliste au Prix du Cercle du livre de France 1965. Prix de La Presse, avec André Langevin, en 1976. Finaliste au Grand Prix littéraire de la Ville de Montréal 1975.»

M.M.

La montagne sacrée, roman-feuilleton pour jeunes. Publié dans la revue **Claire** (1959).

Dis-moi que je vis, roman. Montréal, CLF, 1965. 159 p.

Le portique, roman. Montréal, CLF, 1967. 133 p.

Le fou de la reine, roman. Montréal, Éd. du Jour, 1969. 126 p.

La mort de l'araignée, roman. Montréal, Éd. du Jour, 1972. 102 p.

Veuillez agréer..., roman. Montréal, La Presse, 1975. 145 p.

André MAJOR

Kèro

André Major est né à Montréal en 1942. D'abord lecteur et correcteur de manuscrits, il collabore par la suite à différentes publications. En 1963, il participe à la fondation de la revue **Parti Pris**: dès lors, son engagement dans la réalité québécoise devient une ligne de force qu'il élargit par un constant intérêt pour les littératures étrangères.

Il a été membre du premier bureau de l'Union des écrivains québécois. Réalisateur d'émissions littéraires à Radio-Canada depuis 1973, il rédige également une chronique de littératures étrangères à **La Presse**.

Son roman **Les Rescapés** lui a valu le Prix du Gouverneur général en 1977.

Le froid se meurt, poésie. Montréal, Éd. Atys, 1961. 23 p.

Holocauste à deux voix, poésie. Montréal, Éd. Atys, 1961. 51 p.

Nouvelles. En coll. avec J. Brault et A. Brochu, Montréal, Presses de l'AGEUM, 1963. 139 p.

Le pays, poésie. En coll., Montréal, Déom, 1963. 71 p.

Le cabochon, roman. Montréal, Parti Pris, 1964. 195 p.

La chair de poule, nouvelles. Montréal, Parti Pris, 1965. 185 p.

Félix-Antoine Savard, essai. Montréal, Fides, 1968. 190 p.: ill., fac-sim., portr.

Le vent du diable, roman. Montréal, Éd. du Jour, 1968. 143 p.

Poèmes pour durer. Montréal, Éd. du Songe, 1969. 91 p.

Le désir suivi de **Le perdant**, théâtre, pièces radiophoniques. Préface de François Ricard, Montréal, Leméac, 1973. 70 p.

L'épouvantail, roman. Montréal, Éd. du Jour, 1974. 228 p.

L'épidémie, roman. Montréal, Éd. du Jour, 1975. 218 p.

Une soirée en octobre, théâtre. Prés. de Martial Dassylva, Montréal, Leméac, 1975. 97 p.

Les rescapés, roman. Montréal, Quinze, 1976. 146 p.

The Scarecrows of St. Emmanuel, roman. Trad. anglaise de Sheila Fischman, (titre original: **L'épouvantail**), Toronto, McClelland and Stewart, 1977.

Henriette MAJOR

Kèro

Henriette Major, née à Montréal en 1933, est diplômée de l'Institut pédagogique de Montréal. Journaliste et scénariste, elle «a décidé de ne vivre que de sa plume» en sorte que sa production est très diversifiée: séries télévisées, reportages, billets, matériel éducatif, livres pour jeunes. Henriette Major est directrice de la collection «Pour lire avec toi» aux Éditions Héritage et tient une chronique hebdomadaire à **Perspectives** depuis 1966. Elle a reçu le Prix de l'Association des bibliothécaires en 1970 et le Prix Alvine Bélisle en 1978.

Le club des curieux, aventure. Montréal, Fides, 1967. 122 p.: ill.

Un drôle de petit cheval bleu, conte. Montréal, CPP, 1967. 58 p.: ill. en coul.

Jeux dramatiques, théâtre. En coll. avec Monique Allard, Montréal, Éd. Héritage, 1969. 124 p.: ill.

À la conquête du temps, aventure. Ill. en coul. de Louise Roy-Kerrigan. Montréal, Éducation Nouvelle, 1970. 122 p.

Henriette Major raconte, dans les décors de Claude Lafortune photographiés par Jean-Louis Frund, **La surprise de dame chenille**, conte. Montréal, CPP, 1970. 48 p.: ill. en coul.

Romulo enfant de l'Amazonie, sur les ailes de l'espérance. Montréal, Éd. du Jour/ Productions Explo-Mundo, 1973. 36 p.: ill. (part. en coul.).

Contes de nulle part et d'ailleurs. Ill. en deux coul. de Claude Richard. (s.l.), École des Loisirs, 1975. 60 p.

Bonjour Montréal!: mini-guide pour les jeunes avec Bob et Lili/Hello Montreal!: The Young People, a Guide with Bob and Lili. Maquettes et ill. en coul. de Robert Hénen. En coll. avec Paule Sainte-Marie, Montréal, Éd. Héritage, 1975. 48 p.

Les contes de l'arc-en-ciel. Ill. de Danièle Shelton. Montréal, Éd. Héritage, 1976. 124 p.

Un homme et sa mission: le cardinal Léger en Afrique. Montréal, Éd. de l'Homme, 1976. 190 p.: ill. (part. en coul.).

A Man and his Mission: Cardinal Léger in Africa. Trad. anglaise de Jane Springer, (titre original: **Un homme et sa mission: le cardinal Léger en Afrique**), Scarborough, Prentice-Hall of Canada, 1976. 190 p.: ill. (part. en coul.).

L'évangile en papier. Ill. en coul. de Claude Lafortune. Montréal, Fides, 1977. 93 p.: carte.

La lecture sous toutes ses formes. Montréal, CEC.

L'évangile en papier. Texte intégral de l'émission de télévision. Montréal, Fides, 1977. 180 p.

L'évangile en papier, album de créativité. En coll. avec Claude Lafortune, Montréal, Fides, 1978. 48 p.: ill. en coul.

Un jour, une rivière, album. Ill. de Pierre Cornuel. Montréal, Éd. la Farandole, 1978. 30 p.

Une fleur m'a dit. Ill. d'Hélène Falcon. Montréal, Éd. Héritage, 1978. 128 p.

Jovette MARCHESSAULT

Germaine Beaulieu

«Née de l'hiver à Montréal en 1938. Des années d'itinérance à travers la terre d'Amérique vers le nord, vers le sud avant de rencontrer la peinture, la sculpture et l'écriture. Je suis une autodidacte. J'ai reçu ma formation picturale et littéraire de toutes celles et ceux qui créent sur cette terre promise...

C'est en 1971, que je fis ma première exposition, à la Maison des Arts la Sauvegarde, à Montréal. Entre 1971 et 1978, suivirent une trentaine d'expositions à travers le Québec, l'Ontario, à Paris, à Bruxelles. La plus récente, celle au Musée de Joliette, au mois de mai 1978.

Parallèlement, en 1974, au bord de la rivière Ouareau, je commençais la rédaction d'une trilogie dont le premier volet, **Comme une enfant de la terre**, fut publié aux éditions Leméac en 1975. Ce livre obtenait en 1976 le Prix France-Québec. Le deuxième volet de cette trilogie, **La Mère des Herbes**, doit paraître chez Parti Pris, dans la collection Délire, ainsi qu'une **Chronique lesbienne du Moyen-Âge québécois**. J'ai aussi collaboré à deux numéros de **La nouvelle barre du jour** et, avec Nicole Brossard, nous avons conçu le spectacle «Célébrations» consacré à l'écriture des femmes et présenté au TNM en mars 1979. Le troisième volet de ma trilogie est en gestation. **Celles qui**

parlent le langage des oiseaux sera une chronique mythologique et romanesque qui fera entendre la voix de celles qui, chamanes, mangeuses d'herbe à feu, faiseuses d'anges et de pluie, furent nos mères, sont nos sœurs.»

J.M.

Comme une enfant de la terre, roman. Montréal, Leméac, 1975. 350 p.

Gilles MARCOTTE

Kèro

Né à Sherbrooke en 1925, Gilles Marcotte est l'un des critiques les plus écoutés au Québec. Il a fait ses études au Séminaire de Sherbrooke, à l'Université de Montréal (maîtrise ès arts en 1951) et enfin à l'Université Laval où il a obtenu son doctorat en 1969. Après sept années de critique littéraire au **Devoir**, il se dirige vers les communications audio-visuelles: il travaille alors comme réalisateur pour la télévision à Radio-Canada de 1955 à 1957, et comme recherchiste et scénariste à l'Office national du film de 1957 à 1961. En 1966, il entre au département d'études françaises de l'Université de Montréal et entreprend une carrière professorale. Membre du comité de rédaction des **Écrits du Canada français** depuis sa fondation en 1954, Gilles Marcotte s'est mérité, pour son œuvre critique, de nombreux honneurs, notamment le Prix du Gouverneur général et le Prix France-Canada, en 1963, pour **Une littérature qui se fait**, le Grand Prix littéraire de la Ville de Montréal à deux reprises, en 1970 pour **Le temps des poètes** et en 1976 pour **Le roman à l'imparfait**, et enfin, en 1974, la Médaille de l'Académie canadienne-française.

Le poids de Dieu, roman. Paris, Flammarion, 1962. 218 p.

Une littérature qui se fait, essais critiques sur la littérature canadienne-française. Montréal, HMH, 1962. 293 p.

El Peso de Dios, roman. Trad. espagnole de Jesus Lopez Pacheco, (titre original: **Le poids de Dieu**), Barcelona, Luis de Caralt, 1963. 209 p.

The Burden of God, roman. Trad. anglaise d'Elizabeth Abbott, (titre original: **Le Poids de Dieu**), New York, Vanguard Press, 1964. 185 p.

Retour à Coolbrook, roman. Paris, Flammarion, 1965. 220 p.

L'aventure romanesque de Claude Jasmin. Montréal, Département d'études françaises, Un. de Montréal, 1965. 28 p.

Présence de la critique: critique et littérature contemporaines au Canada français. Textes choisis par Gilles Marcotte, Montréal, HMH, 1966. 254 p.

Une littérature qui se fait, essais critiques sur la littérature canadienne-française. Nouv. éd. augm., Montréal, HMH, 1968. 307 p.

Le temps des poètes, description critique de la poésie actuelle. Montréal, HMH, 1969. 247 p.

Les bonnes rencontres; chroniques littéraires. Montréal, Hurtubise/HMH, 1971. 224 p.

Un voyage, récit. Montréal, HMH, 1973. 185 p.

Le roman à l'imparfait, essais sur le roman québécois d'aujourd'hui. Montréal, La Presse, 1976. 194 p.

Anthologie de la littérature québécoise. Sous la direction de Gilles Marcotte, 2 tomes parus, Montréal, Éd. La Presse, 1979. Tome I: 311 p., Tome II: 516 p.

MARIE-ANASTASIE

Kèro

Surtout connue comme graveur, Marie-Anastasie a étudié les techniques de cet art avec le regretté maître Albert Dumouchel. Ses œuvres furent présentées dans un grand nombre d'expositions au Canada et à l'étranger, plusieurs faisant partie de la collection permanente des musées. Elle fut, à deux reprises, en 1974 et 1975, lauréate du Concours de la Palme d'Or, à Monte-Carlo. En 1969, après avoir collaboré à la réalisation d'ouvrages d'art, elle fonda dans son atelier-galerie sa propre maison d'édition: Le Grainier. Trois volumes de luxe illustrés de ses gravures: **Le Grainier** d'Yves Préfontaine (1969), **L'invisible** de Rina Lasnier (1971) et **Les hommes de paille** de Jacques Brault (1978), sont déjà parus. Marie-Anastasie, qui est aussi poète, partage son temps entre l'enseignement, l'écriture, la gravure et la peinture, ainsi qu'à la préparation d'expositions ou de salons.

Miroir de lumière, poésie. Montréal, Déom, 1965. 95 p.: ill.

Robert
MARTEAU

Kèro

«Je suis né à Villiers-en-Bois, Deux-Sèvres, France, le 8 février 1925. J'ai effectué mes études secondaires au lycée de Niort. En 1944, je me suis rendu à Paris, où j'ai suivi les cours de l'Université, faculté des lettres. J'ai commencé à publier mes textes dans **Les cahiers du sud, Les lettres nouvelles, Le mercure de France, Esprit**, dont je devins collaborateur permanent, puis membre du comité directeur. J'ai travaillé en France pour le Secrétariat d'État à la jeunesse, aux sports et aux loisirs, dirigeant séminaires artistiques et organisant des expositions d'arts plastiques. Je suis membre de l'A.I.C.A. (Association internationale des critiques d'art). J'ai immigré au Québec en 1972 et possède la nationalité canadienne depuis 1978. De 1973-1978, j'ai assumé la responsabilité de la production aux Presses de l'Université de Montréal. En tant que critique d'art, je collabore actuellement à **Liberté** et au **Devoir**.

J'ai écrit et dirigé les courts métrages cinématographiques suivants:
Le Moal peintre, couleurs, 16mm, 15mn, Radio-Canada, 1964;
Bertholle peintre, couleurs, 16mm, 15mn, Radio-Canada, 1964;
Singier peintre, couleurs, 16mm, 15mn, Radio-Canada, 1964;
Bissières peintre, couleurs, 16mm, 15mn, Radio-Canada, 1965;
Lurçat (tapisseries), couleurs, 16mm, 15mn, Radio-Canada, 1965;
Les Anges de Kurbinovo, couleurs, 16mm, 15mn, Skopje et Paris, 1968;
La Porte du Ciel, couleurs, 16mm, 15mn, Paris, 1970;
Minaux peintre, couleurs, 16mm, 25mn, Paris, 1977.
J'ai écrit de nombreux documents radio-phoniques produits par Radio-Canada, dont: **Pierre-Jean Jouve, les Troubadours, René Char, le Western, Henry James, la Tauromachie, l'Alchimie, Florence, Venise, Rembrandt, Vermeer, Nerval, Goya, la Lithographie, Chagall, la Poésie du monde entier, Alain Grandbois, Hommage à Ramuz**, etc.

R.M.

Royaumes, poésie. Paris, Seuil, 1962. 72 p.
Ode numéro 8, poème. Avec eaux-fortes de Bertholle. Paris, Syrinx, 1965.
Travaux sur la terre, poésie. Paris, Seuil, 1966. 96 p.
Des chevaux parmi les arbres, roman. Paris, Seuil, 1968. 264 p.
Chagall sur la terre des dieux. Avec 10 lithographies de Chagall. Paris, A.C. Mazo et Fernand Mourlot, 1969.
La voix sous la pierre, poèmes de Miodrag Pavlovitch. Trad. du serbocroate et prés. de Robert Marteau, Paris, Gallimard, 1970. 92 p.
Sibylles, poèmes. Avec 21 dessins de Singier. Paris, Galanis, 1971. 85 p.
Les vitraux de Chagall, album. Paris, A.C. Mazo, 1972. 156 p.
Stained Glass Windows of Chagall. New York, Tudor, 1973.

Pentecôte, roman. Paris, Gallimard, 1973. 240 p.

Hélène, poèmes. Avec 10 lithographies de Minaux. Paris, Sauret, 1974. 48 p.

Les ateliers de Marc Chagall. Avec lithographies et frontispice de Chagall. Paris, Fernand Mourlot, 1976. 128 p.

Atlante, poème. Montréal, l'Hexagone, 1976. 48 p.

Traité du blanc et des teintures, poème. Avec 7 gaufrures de Gérard Tremblay. Montréal, ERTA, 1978. 68 p.

Les livres de Hogg, poèmes de Barry Callaghan. Trad. de l'anglais de Robert Marteau, Montréal, Quinze, 1978. 148 p.

L'œil ouvert, essai. Montréal, Quinze, 1978. 168 p.

Émile
MARTEL

Kèro

Depuis 1960, Émile Martel a surtout vécu en dehors du Québec. Il a obtenu un doctorat ès lettres de l'Université de Salamanque en 1964, après avoir étudié aux universités de Laval et d'Ottawa. Par la suite, il a enseigné les langues et les littératures françaises et espagnoles en Alaska, en Colombie britannique, en Amérique centrale et finalement en France. Émile Martel habite Ottawa depuis 1967 où il est à l'emploi du Ministère des Affaires extérieures. «J'ai choisi de ne jamais planter racine et continuerai de vivre ailleurs; l'écriture et le sentiment d'appartenance au Québec sont compatibles avec ce choix et le reflètent», écrit-il.

Les enfances brisées, récits poétiques. Montréal, Éd. du Jour, 1969. 127 p.

L'ombre et le silence: prose à lire à voix haute. Montréal, Éd. du Jour, 1974. 91 p.

Les gants jetés. Montréal, Quinze, 1977. 168 p.: ill.

Serge MERCIER

Né à Sherbrooke en 1944, Serge Mercier détient une licence en lettres et un certificat d'études supérieures en linguistique de l'Université de Montréal (1969). Il enseigne au département de français du CEGEP de Saint-Jérôme tout en s'occupant activement de théâtre. Il fut comédien de 1965 à 1971. En 1973, il travaille en atelier avec Luce Guilbeault et commence à écrire des pièces dont l'une, **Encore un peu**, sera jouée au XXXe Festival d'Avignon (1976) après avoir été sélectionnée par le Centre d'essai des auteurs dramatiques.

Elle, théâtre. Préf. de Pierre Bonenfant, Montréal, Leméac, 1974. 58 p.
Encore un peu, théâtre. Préf. de Noël Audet, Montréal, l'Aurore, 1974. 87 p.: ill.
Après, théâtre. En coll., Montréal, l'Intrinsèque, 1977.
Little Bit Left, théâtre. Trad. anglaise de Allan Van Meer, (titre original: **Encore un peu**), Toronto, Simon & Pierre Pub., 1978.

Roger MONDOLONI

«Ancien réalisateur à Radio-Canada à Montréal (1954-1965), Roger Mondoloni est actuellement fonctionnaire au gouvernement fédéral où il est entré en 1966 au Conseil privé.

Canadien d'origine Corse, issu d'une famille paoliste du Sartenais. Venu au monde au bistouri en 1929 avec une staphylococcie chronique, périostite et ostéomyélite. Diagnostic: ne vivra pas.

A lutté contre la maladie jusqu'à l'âge de vingt ans. Une trentaine d'interventions chirurgicales dont quinze sous anesthésie générale. A commencé à réfléchir sur un lit d'hôpital, ce qui l'a progressivement orienté vers l'acte d'écrire.

Après avoir fait des études classiques (latin-grec) au Lycée Châteaubriand à Rome, et des études supérieures en Sorbonne (licence en philosophie) et à l'Université d'Ottawa (1952-1953), Mondoloni s'est d'abord intéressé au théâtre, puis s'est tourné vers le reportage et le documentaire. Il a fait partie de l'équipe qui a réalisé pour Radio-Canada la version française d'un documentaire radiophonique qui a obtenu le Prix Italia 1955.

A collaboré au **Nouveau Journal** sous la direction de Jean-Louis Gagnon à Montréal et a écrit de nombreux textes pour Radio-Canada. A été envoyé au titre de la coopération canadienne en Afrique (1970-1972). Missions diverses dans les pays du tiers monde. Marié à une Québécoise, Annabel, originaire de Mont-Laurier. Un fils, Pascal.»
R.M.

Onaga, roman. Montréal, CLF, 1974. 218 p.

Dérive dans un miroir, roman. Montréal, CLF, 1976. 212 p.

Le grand midi, roman. Montréal, CLF, 1978. 170 p.

Pierre MORENCY

Kèro

Natif de Lauzon, en face de Québec, Pierre Morency a fait ses études classiques au Collège de Lévis et obtenu sa licence ès lettres de l'Université Laval, en 1966. L'année suivante, il devenait chroniqueur et auteur radiophonique. Il a remporté, en 1968, le Prix Du Maurier, en 1976, le Prix Claude Sernet (Rodez, France) et le Prix Court métrage de la communauté radiophonique des programmes de langue française. Poète et auteur dramatique, il a animé de nombreux récitals de poésie. En 1969-1970, il a fondé et dirigé la revue de poésie **Inédits** et, plus récemment, il participait à la création de la revue **Estuaire**.

Pierre Morency a été membre du premier bureau de l'Union des écrivains québécois qu'il a aidé à fonder en 1977.

Poèmes de la froide merveille de vivre. Québec, Éd. de l'Arc, 1967. 106 p.: ill.

Poèmes de la vie déliée et **Au nord constamment de l'amour**. Québec, Éd. de l'Arc, 1970. 85 p. et 129 p.

Au nord constamment de l'amour, poésie. Recueil des trois précédents, Montréal, Nouv. éd. de l'Arc, 1973. 208 p.

Poèmes. En coll. avec P. Bertrand, Saint-Constant, Éd. Passe-Partout, 1970. 15 p.

Les appels anonymes, poésie. Poème affichable, Québec, Inédits, 1971.

Lieu de naissance, poésie. Montréal, l'Hexagone, 1973. 47 p.

Charbonneau et le chef, théâtre. Adaptation du texte de J.T. Mc Donough, Montréal, Leméac, 1974.

Marlot dans les merveilles, théâtre pour enfants. Montréal, Leméac, 1974. 114 p., 8 p. de planches.

Le temps des oiseaux, poésie. Sérigraphies de Paul Lacroix, Québec et Châteauguay, A. Dupuis, Éd. M. Nantel, 1975. 14 f.

Les passeuses, théâtre. Montréal, Leméac, 1976. 133 p.

Tournebire et le Malin Frigo suivi des **Écoles de Bon Bazou**. Coll. «Théâtre pour enfants», Montréal, Leméac, 1977.

Torrentiel, poésie. Montréal, l'Hexagone, 1978.

Antoine NAAMAN

Antoine Naaman est né à Port-Saïd (Égypte) en 1920. Licencié en lettres et diplômé en journalisme de l'Université du Caire, il se rend étudier à Paris où il obtient un diplôme d'études supérieures en lettres modernes, un diplôme de l'École normale supérieure de Saint-Cloud, un doctorat en lettres de l'Université de Paris. Ses activités comme professeur, auteur et éditeur sont innombrables. Pour situer un peu son itinéraire, rappelons quelques postes parmi les plus marquants: maître de conférences (Un. d'Héliopolis, 1952-58), directeur du département des langues modernes (Un. du Ghana, 1965-66), président du Comité de la recherche en sciences humaines (Un. de Sherbrooke, 1967-72), directeur fondateur du Centre d'études des littératures d'expression française (Un. de Sherbrooke 1969-74), fondateur et directeur de la revue **Présence francophone**, des éditions Cosmos et des éditions Naaman, etc. Antoine Naaman a également participé à plusieurs rencontres internationales, festivals, voyages de recherche et est membre d'une dizaine d'associations internationales littéraires et scientifiques.

Le français. Le Caire, Al-Hilal et Misr, 1948.

Le français-grammaire. Le Caire, Al-Hilal, 1951.

Almazni, romancier, essai. Le Caire, Al-Hilal, 1952. 48 p. (en arabe).

Légendes des peuples, contes pour enfants. En coll., 20 vol., Le Caire, Misr, 1958-1959. (En arabe).

Le français par l'image. Le Caire, Ministère de l'Éducation, 1958.

Le français pratique. 3 vol., Le Caire, Ministère de l'Éducation, 1958.

Les débuts de Gustave Flaubert et sa technique de la description. Paris, Nizet, 1962. 528 p.

L'analyse à la portée de tous. Nouv. éd. revue, Le Caire, Al-Hilal, 1964.

Les lettres d'Égypte de Gustave Flaubert, d'après les manuscrits autographes, édition critique. Paris, Nizet, 1965. viii-480 p.

Le français. Grammaire et langue. Tome I: **Du mot à la phrase**. Le Caire, Misr, 1966.

Ébauche d'une bibliographie de la littérature nègre d'expression française. En coll. avec J.J. Archinija, Accra, Département des langues modernes, Université du Ghana, 1966.

Mateo Falcane de Mérimée. Paris, Nizet, Sherbrooke, Librairie de la Cité Universitaire, 1967. 102 p.

Méthodes d'explication de textes. Modèles et textes choisis, en coll. avec Léo A. Brodeur, M. Fortin, G. Lavallée, A. Bazinet, Sherbrooke, Faculté des arts, 1968.

Guide bibliographique des thèses littéraires canadiennes de 1921-1969. Doté d'une «Étude introductive», d'une «Bibliographie de la recherche littéraire» et de quatre «Index». Préface de Jean Houpert, Sherbrooke, Éd. Cosmos, 1970. 338 p.

Le roman contemporain d'expression française, actes du colloque. En coll. avec Louis Painchaud, Sherbrooke, CELEF, 1972. 348 p.

Yvette NAUBERT

Kèro

Yvette Naubert, née à Hull en 1918, détient un baccalauréat de l'École de musique Vincent d'Indy (1941). Mais, dès 1947, elle opte pour la littérature et rédige plusieurs textes dramatiques qui seront diffusés à Radio-Canada. En 1950, le Festival d'art dramatique crée sa pièce de théâtre **Les âmes captives**. Son premier roman **La dormeuse éveillée** a obtenu le Prix du Cercle du livre de France en 1965. Yvette Naubert recevait le Prix de la province de Québec en 1969.

La dormeuse éveillée, roman. Montréal, CLF, 1965. 184 p.

Contes de la solitude I. Montréal, CLF, 1967. 146 p.

L'été de la cigale, roman. Montréal, CLF, 1968. 209 p.

Les Pierrefendre. Tome I: **Prélude et fugue à tant d'échos**, roman. Montréal, CLF, 1972. 316 p.

Contes de la solitude II. Montréal, CLF, 1972.

Les Pierrefendre. Tome 2: **Concerto pour un décor et quelques personnages**, roman. Montréal, CLF, 1975. 317 p.

Les Pierrefendre. Tome 3: **Arioso sans accompagnement**, roman. Montréal, CLF, 1977. 298 p.

Traits et portraits, nouvelles. Montréal, CLF, 1978.

Pierre NEPVEU

Kèro

Pierre Nepveu publie ses premiers poèmes dans la revue du Collège Sainte-Marie et dans les **Écrits du Canada français**. Après sa licence en lettres à l'Université de Montréal (1969), il obtient sa maîtrise en lettres modernes de l'Université de Montpellier (1971). De retour au Québec en 1972, il entreprend une carrière professorale qui le mène dans cinq universités du Canada, soit celles de Hamilton, de Sherbrooke, de Vancouver, d'Ottawa et de Montréal. L'Université de Montréal lui décerne, par ailleurs, son doctorat en 1977. Pierre Nepveu collabore à plusieurs revues — **Études françaises, Liberté, Estuaire, La nouvelle barre du jour, Livres et auteurs québécois** — et participe aux Rencontres québécoises internationales de 1974, 1976 et 1978. Directeur de la revue **Ellipse** (traduction poétique) de 1972 à 1975, membre du comité de rédaction de la revue **Études françaises** en 1974 et 1975, il s'affirme comme critique de poésie dans **Lettres québécoises** depuis 1976. Pierre Nepveu a, en outre, participé à plusieurs émissions radiophoniques sur la poésie.

Voies rapides, poésie. Montréal, HMH, 1971. 112 p.
Épisodes, poésie. Montréal, l'Hexagone, 1976. 70 p.

Paul E. OHL

Kèro

Paul E. Ohl est né à Strasbourg (Alsace) en 1940. Il a fait ses études supérieures au Collège royal militaire de St-Jean (1959), des études en sociologie à l'Université de Montréal (1964) et en administration publique à l'École nationale d'administration publique (1972). Ex-directeur général du Haut-Commissariat à la jeunesse, aux loisirs et aux sports, Paul Ohl est maintenant directeur de la Direction du plein air au Ministère du Tourisme. Spécialiste des questions relatives à la réforme du mouvement olympique et à la sociologie du sport, il donne régulièrement des conférences dans les milieux étudiants. En 1978, Paul Ohl fut invité en France, en Belgique et en Suisse où il fut reçu par l'UNESCO, l'Association de la presse sportive et différentes autorités dans le domaine des sports.

Les arts martiaux. Préf. du Maître Yoshinao Nanby, Montréal, La Presse, 1975. 299 p.: ill., portr.
Les gladiateurs de l'Amérique. Montréal et Paris, Éd. Int. A. Stanké, 1977. 254 p.: ill.
La guerre olympique, Paris, Éd. R. Laffont, 1977. 349 p.: ill.
Knockout Inc., roman. Montréal, Éd. Int. A. Stanké, 1979. 174 p.

Réal OUELLET

Kèro

Tous les chemins mènent à l'écriture et Réal Ouellet (né en 1935) ne fait pas exception à cette règle. Avant d'enseigner à l'Université Laval, il a «pelleté du ballast sur la *track* du CNR, travaillé dans une manufacture de meubles et une fabrique de *veneer*, dans une ferme et a enseigné dans une école de réforme».

Détenteur d'un doctorat ès lettres (1963) de la Sorbonne, Réal Ouellet est le fondateur et le directeur d'**Études littéraires** (1967-70). Il collabore à **Lettres québécoises** et aux **Cahiers du Québec** et fut le 1er président de la Société canadienne d'études du XVIIIe siècle (1971-72).

Les relations humaines dans l'œuvre de Saint-Exupéry, essai. Paris, Minard, 1971. 235 p.

L'univers du roman, essai. En coll. avec Roland Bourneuf, Paris, P.U.F., 1972. 232 p.

Le nouveau roman et les critiques de notre temps, essai. Paris, Garnier, 1972. 192 p.

L'univers du roman, essai. Éd. revue et augmentée, Paris, P.U.F., 1975. 248 p.

Lettres persanes de Montesquieu, édition critique. En coll. avec H. Vachon, Paris, Hachette, 1976. 95 p.

L'univers du théâtre, essai. En coll. avec Gilles Girard et Claude Rigault, Paris. P.U.F., 1978.

La Nouvelle-France. Sous la direction de R. Ouellet, Québec, Études littéraires, 1977. 297 p.

Fernand OUELLETTE

Kèro

Né à Montréal le 24 septembre 1930, Fernand Ouellette travaille comme réalisateur d'émissions culturelles à la radio de la Société Radio-Canada. Cofondateur, en 1958, de la revue **Liberté** dont il fait toujours partie, il est également cofondateur de la Rencontre québécoise internationale des écrivains. Il a été professeur invité à l'Université du Québec à Montréal dans le cadre d'un séminaire sur le romantisme allemand et il a dirigé des ateliers de création littéraire aux universités d'Ottawa et de Laval en 1977-78. Sa rencontre avec Edgard Varèse, l'amitié qui le lie à Pierre-Jean Jouve, ses voyages en Europe marquent son cheminement d'écrivain et de poète. Ses qualités de chercheur et d'écrivain l'ont d'ailleurs conduit à travailler au sein de la Commission d'enquête sur l'enseignement des arts au Québec (1966-68). Des prix importants ont déjà couronné les œuvres de Fernand Ouellette: le Prix France-Québec (1967) pour sa biographie d'**Edgard Varèse**, le Prix du Gouverneur général qu'il refusa en 1971, pour **Les Actes retrouvés**, le Prix France-Canada (1972) pour **Poésie** et le Prix de la revue **Études françaises** (1974) pour son **Journal dénoué**.

Ces anges de sang, poésie. Montréal, l'Hexagone, 1955. 30 p.

Séquences de l'aile, poésie. Avec une sérigraphie originale d'André Jasmin, Montréal, l'Hexagone, 1958. 53 p.

Visages d'Edgard Varèse, essais. Sous la direction de F. Ouellette, Montréal, l'Hexagone, 1960.

Le soleil sous la mort, poésie. Montréal, l'Hexagone, 1965. 64 p.

Edgard Varèse, biographie. Paris et Montréal, Seghers/HMH, 1966. 285 p.: ill., fac-sim.

Dans le sombre suivi de **Le poème et le poétique**. Montréal, l'Hexagone, 1967. 91 p.

Edgard Varèse, biographie. Trad. anglaise de Derek Coltman, New York, Orion Press, 1968. ix-271 p.

Les actes retrouvés, essais. Montréal, HMH, 1970. 226 p.

Poésie; poèmes 1953-1971 suivi de **Le poème et le poétique**. Montréal, l'Hexagone, 1972. 283 p.

Edgard Varèse, biographie. Trad. anglaise de Derek Coltman, Londres, Calder & Boyars, 1973. ix-270 p.

Depuis Novalis, errance et glose, essai. Montréal, Hurtubise/HMH, 1973. 151 p.

Journal dénoué, récit autobiographique. Montréal, PUM, 1974. 246 p.

Errances, poésie. Sérigraphies originales de Fernand Toupin, Montréal, Éd. Bourguignon, 1975.

Ici, ailleurs, la lumière, poésie. Dessins de Jean-Paul Jérôme, Montréal, l'Hexagone, 1977. 93 p.

Tu regardais intensément Geneviève, roman. Montréal, Quinze, 1978. 184 p.

Madeleine OUELLETTE-MICHALSKA

Kèro

Madeleine Ouellette-Michalska, née à Rivière-du-Loup en 1935, a étudié à l'Université de Montréal, où elle a obtenu une licence en lettres en 1968, ainsi qu'à l'Université du Québec à Montréal qui lui a décerné une maîtrise ès arts en 1978. Elle travaille actuellement comme reporter à **Châtelaine** et à **L'actualité**. En plus d'avoir touché à l'enseignement (linguistique), elle aime à considérer parmi ses activités professionnelles «l'entretien de sa petite presqu'île de 12 000 p.c. remplie d'arbres, d'écureuils et d'oiseaux, la fréquentation de la nature sauvage, le camping, les voyages, la rencontre d'hommes intelligents et de femmes sorties de leur condition de larves.» Critique littéraire, lectrice de manuscrits, conférencière, elle produit aussi des documentaires, des textes littéraires et dramatiques pour Radio-Canada. Plusieurs de ses textes et poèmes ont été publiés dans les revues **Liberté, Poésie I** et les **Écrits du Canada français**. Au chapitre des distinctions littéraires, et sans mentionner le Prix de la revue **Poésie I** qu'elle s'est mérité en 1973, Madeleine

Ouellette-Michalska se rappelle particulièrement «avoir réussi à couvrir les frais de publication à compte d'auteur de son premier livre»; sans doute a-t-elle aussi créé un précédent lorsqu'elle a refusé, à l'Université de Montréal en 1965, la Médaille du Lieutenant-gouverneur.

Le dôme, nouvelles. Montréal, Éd. Utopiques, 1968. 96 p.
Le jeu des saisons, roman. Montréal, l'Actuelle, 1970. 138 p.
Chez les termites, roman. Montréal, l'Actuelle, 1975. 124 p.
La femme de sable, nouvelles. Sherbrooke, Naaman, 1979. 135 p.

Hélène OUVRARD

Kèro

«Je suis née dans une famille où l'on avait des lettres et j'ai grandi dans un quartier ouvrier de Montréal. Mon père était un poète et ma mère, une femme libre. Ils vivaient ensemble et ne songeaient pas à abandonner leurs six enfants. À huit ans, j'étais l'auteur d'un premier roman, que mon père a dactylographié. Je n'ai pas cessé d'écrire depuis. À seize ans, j'ai connu le poète Gauvreau. Et la mer juste avant. En ces temps anciens, la censure fleurissait sous nos cieux, avec d'autres plantes communes. La Voix du poète m'apprenait qu'il fallait être fidèle à soi-même. La mer ne disait pas autrement. Je me suis mise à leur école. Je n'ai d'autres diplômes. À dix-huit ans, j'écrivis des **Contes intemporels**, auxquels je travaille encore. À vingt-cinq ans, j'ai commencé à publier. Premier roman «osé» où il était question d'homosexualité (**La fleur de peau**). Sujet tabou bien que la chose fût fort répandue. Deuxième roman où il s'agissait de viol (**Le cœur sauvage**). Sujet peu fréquent bien que la chose le fût. Suivit un silence de sept ans. Je m'étais mariée. Je divorçai avant que tout le monde en fît autant. Mon troisième roman parla alors de dépossession (**Le corps étranger**). C'était un roman poétique et violent. Mon préféré. Je crois qu'on commence à le comprendre. Mon quatrième roman (**L'herbe et le varech**) laissa entendre que l'amour est un voyage aux confins de nous-mêmes, que l'enfant nous lie à la vie, que le pays nous tient captifs. Ensuite, je partis pour la France. Mon cinquième roman est issu de ce voyage. Il conjugue l'amour au féminin et dit le mal d'avoir eu un enfant-pays avant d'avoir connu sa mère-patrie. De Bretagne, pays plus incertain encore que le nôtre, j'ai rapporté des textes dramatiques et poétiques. Mes fantômes traverseront un jour les ondes et les écrans. À Paris, j'ai siégé à l'Association des écrivains de langue française — mer et outre-mer —, j'ai participé à trois jurys dont l'un international, j'ai préparé et donné une conférence sur la littérature féminine québécoise. De ma vie, je n'avais encore fréquenté que des peintres, des graveurs, des artisans, des cinéastes, des musiciens, du monde ordinaire et des extra-terrestres. J'ai commencé depuis peu à rencontrer des écrivains...»

H.O.

La fleur de peau, roman. Montréal, Éd. du Jour, 1965. 194 p.

Le cœur sauvage, roman. Montréal, Éd. du Jour, 1967. 167 p.

Le corps étranger, roman. Montréal, Éd. du Jour, 1973. 142 p.

L'herbe et le varech, roman. Montréal, Quinze, 1977. 169 p.

La peinture à l'huile/Léon Bellefleur. Phot. de Jean-Pierre Beaudin. Coll. «Initiation aux métiers d'art du Québec», Montréal, Éd. Formart, 1972. 30 p.: ill. avec dépliant et 40 diap. coul.

Oil Painting/Léon Bellefleur. Trad. anglaise de Sheila Fischman, Coll. «Initiation aux métiers d'art du Québec», Montréal, Éd. Formart, 1974.

L'émaillerie/de Passillé-Sylvestre. Phot. de Jean-Pierre Beaudin. Coll. «Initiation aux métiers d'art du Québec», Montréal, Éd. Formart, 1972. 30 p.: ill. avec dépliant et 40 diap. coul.

Enamel-Work/de Passillé-Sylvestre. Trad. anglaise de Sheila Fischman, Coll. «Initiation aux métiers d'art du Québec», Montréal, Éd. Formart, 1974.

La poterie/Gaétan Beaudin. Phot. de Jean-Pierre Beaudin. Coll. «Initiation aux métiers d'art du Québec», Montréal, Éd. Formart, 1972. 29 p.: ill. avec dépliant et 40 diap. coul.

Pottery/Gaétan Beaudin. Trad. anglaise de Sheila Fischman, Coll. «Initiation aux métiers d'art du Québec», Montréal, Éd. Formart, 1974.

La peinture acrylique/Guy Montpetit. Phot. de Marc-André Gagné. Coll. «Initiation aux métiers d'art du Québec», Montréal, Éd. Formart, 1972. 30 p.: ill. avec dépliant et 40 diap. coul.

Acrylic Painting/Montpetit. Trad. anglaise de Sheila Fischman, Coll. «Initiation aux métiers d'art du Québec», Montréal, Éd. Formart, 1974.

La gravure sur bois debout/Janine Leroux-Guillaume. Phot. de Jean-Pierre Beaudin. Coll. «Initiation aux métiers d'art du Québec», Montréal, Éd. Formart, 1972. 31 p.: ill. avec dépliant et 40 diap. coul.

End-Grain Engraving/Janine Leroux-Guillaume. Trad. anglaise de Sheila Fischman, Coll. «Initiation aux métiers d'art du Québec», Montréal, Éd. Formart, 1974.

La tapisserie murale/Mariette Rousseau-Vermette. Phot. de Jean-Pierre Beaudin. Coll. «Initiation aux métiers d'art du Québec», Montréal, Éd. Formart, 1972. 31 p.: ill. avec dépliant et 40 diap. coul.

Wall Tapestries/Mariette Rousseau-Vermette. Trad. anglaise de Sheila Fischman, Coll. «Initiation aux métiers d'art du Québec», Montréal, Éd. Formart, 1974.

L'orfèvrerie/**Jean-Guy Monette**. Phot. de Jean-Pierre Beaudin. Coll. «Initiation aux métiers d'art du Québec», Montréal, Éd. Formart, 1972. 29 p.: ill. avec dépliant et 40 diap. coul.

The Art of the Goldsmith/Jean-Guy Monette. Trad. anglaise de Sheila Fischman, Coll. «Initiation aux métiers d'art du Québec», Montréal, Éd. Formart, 1974.

L'eau-forte en couleurs/Robert Savoie. Phot. de Jean-Pierre Beaudin. Coll. «Initiation aux métiers d'art du Québec», Montréal, Éd. Formart, 1972. 31 p.: ill. avec dépliant et 40 diap. coul.

Colour Etching/Robert Savoie. Trad. anglaise de Sheila Fischman, Coll. «Initiation aux métiers d'art du Québec», Montréal, Éd. Formart, 1974.

La fonderie expérimentale/André Fournelle. Phot. de Jean-Pierre Beaudin. Coll. «Initiation aux métiers d'art du Québec», Montréal, Éd. Formart, 1972. 31 p.: ill. avec dépliant et 40 diap. coul.

Experimental Metal — Casting/André Fournelle. Trad. anglaise de Sheila Fischman, Coll. «Initiation aux métiers d'art du Québec», Montréal, Éd. Formart, 1974.

Le tissage de basse-lisse/Lucien Desmarais. Phot. de Jean-Pierre Beaudin. Coll. «Initiation aux métiers d'art du Québec», Montréal, Éd. Formart, 1972. 30 p.: ill. avec dépliant et 40 diap. coul.

Low-Wart Weaving/Lucien Desmarais. Trad. anglaise de Sheila Fischman, Coll. «Initiation aux métiers d'art du Québec», Montréal, Éd. Formart, 1974.

La bijouterie/Michel Lacombe. Phot. de Jean-Pierre Beaudin. Coll. «Initiation aux métiers d'art du Québec», Montréal, Éd. Formart, 1972. 29 p.: ill. avec dépliant et 40 diap. coul.

Jewellery/Michel Lacombe. Trad. anglaise de Sheila Fischman, Coll. «Initiation aux métiers d'art du Québec», Montréal, Éd. Formart, 1974.

La sculpture — du multiple à l'environnement/Charles Daudelin. Phot. de Jean-Pierre Beaudin. Coll. «Initiation aux métiers d'art du Québec», Montréal, Éd. Formart, 1972. 30 p.: ill avec dépliant et 40 diap. coul.

Environmental Sculpture/Charles Daudelin. Trad. anglaise de Sheila Fischman, Coll. «Initiation aux métiers d'art du Québec», Montréal, Éd. Formart, 1974.

La gravure sur bois de fil/Monique Charbonneau. Phot. de Jean-Pierre Beaudin. Coll. «Initiation aux métiers d'art du Québec», Montréal, Éd. Formart, 1972. 30 p.: ill. avec dépliant et 40 diap. coul.

Woodcut Engraving/Monique Charbonneau. Trad. anglaise de Sheila Fischman, Coll. «Initiation aux métiers d'art du Québec», Montréal, Éd. Formart, 1974.

La tapisserie sculpturale/Denise Beaudin. Phot. de Jean-Pierre Beaudin. Coll. «Initiation aux métiers d'art du Québec», Montréal, Éd. Formart, 1972. 30 p.: ill. avec dépliant et 40 diap. coul.

Sculptural Tapestry/Denise Beaudin. Trad. anglaise de Sheila Fischman, Coll. «Intiation aux métiers d'art du Québec», Montréal, Éd. Formart, 1974.

La lithographie/Albert Dumouchel. Phot. de Jean-Pierre Beaudin. Coll. «Initiation aux métiers d'art du Québec», Montréal, Éd. Formart, 1972. 31 p.: ill. avec dépliant et 40 diap. coul.

Lithography/Albert Dumouchel. Trad. anglaise de Sheila Fischman, Coll. «Initiation aux métiers d'art du Québec», Montréal, Éd. Formart, 1974.

La coulée à cire perdue/Bernard Chaudron. Phot. de Jean-Pierre Beaudin et Yvan Vallée. Coll. «Initiation aux métiers d'art du Québec», Montréal, Éd. Formart, 1972. 30 p.: ill. avec dépliant et 40 diap. coul.

Lost-Wax Casting/Bernard Chaudron. Trad. anglaise de Sheila Fischman, Coll. «Initiation aux métiers d'art du Québec», Montréal, Éd. Formart, 1974.

Le batik/Thérèse Guité. Phot. de Jean-Pierre Beaudin. Coll. «Initiation aux métiers d'art du Québec», Montréal, Éd. Formart, 1974. Ill. avec 40 diap. coul.

La linogravure/Robert Wolfe. Phot. de Jean-Pierre Beaudin. Coll. «Initiation aux métiers d'art du Québec», Montréal, Éd. Formart, 1974. Ill. avec 40 diap. coul.

La sérigraphie (film découpé)/René Derouin. Phot. de Jean-Pierre Beaudin. Coll. «Initiation aux métiers d'art du Québec», Montréal, Éd. Formart, 1974. Ill. avec 40 diap. coul.

La reliure/Pierre Ouvrard. Phot. de Yvan Vallée, Robert Binette et Jean-Pierre Beaudin. Coll. «Initiation aux métiers d'art du Québec», Montréal, Éd. Formart, 1974. Ill. avec 40 diap. coul.

La sculpture sur bois/Léo Gervais. Phot. de Jean-Pierre Beaudin. Coll. «Initiation aux métiers d'art du Québec», Montréal, Éd. Formart, 1974. Ill. avec 40 diap. coul.

La céramique (techniques ancienne et contemporaine)/Maurice Savoie. Phot. de Jean-Pierre Beaudin. Coll. «Initiation aux métiers d'art du Québec», Montréal, Éd. Formart, 1974. Ill. avec 40 diap. coul.

La ferronnerie d'art/Jarnuszkiewicz et Michel. Phot. de Jean-Pierre Beaudin, Yvan Vallée. Coll. «Initiation aux métiers d'art du Québec», Montréal, Éd. Formart, 1974. Ill. avec 40 diap. coul.

La sérigraphie photomécanique/Pierre Ayot. Phot. Yvan Vallée, Ronald Rompré. Coll. «Initiation aux métiers d'art du Québec», Montréal, Éd. Formart, 1974. Ill. avec 40 diap. coul.

L'aluchromie/Réal Arsenault. Phot. de Jean-Pierre Beaudin. Coll. «Initiation aux métiers d'art du Québec», Montréal, Éd. Formart, 1974. Ill. avec 40 diap. coul.

Ernest PALLASCIO-MORIN

Kèro

Journaliste pendant quarante-huit ans, Ernest Pallascio-Morin a contribué d'une manière éminente à la vie culturelle du Québec. Une partie de son œuvre journalistique (17 cahiers) est d'ailleurs conservée à la Bibliothèque nationale.

Son apport dans les domaines de la poésie et du théâtre n'est pas moins important et lui a valu de nombreux prix. Citons, pour le théâtre: le trophée Gratien Gélinas et le trophée Wood au Festival d'art dramatique de 1939; pour la poésie: la Premier Prix de poésie de la Société des poètes canadiens-français en 1959 (Médaille du Lieutenant-gouverneur), le Prix de l'Académie du Puy des Palinods de Normandie et la Médaille de la Chambre de commerce de Honfleur, en 1954; pour la radio: le Canadian Radio Award (Section d'une ville) CKAC, 1950, le trophée La Flèche (Scripteur de l'année, 1953-54, CKAC) et le trophée du Cinquantenaire du poste radiophonique CKAC, qui lui a été décerné en 1973 pour l'ensemble de son œuvre radiophonique de 1947 à 1959. Sans oublier le doctorat *honoris causa* que lui a remis l'Université Laval en 1973 et, si l'on veut bien ne pas tenir compte que des seuls mérites littéraires, ses nombreuses médailles militaires...

Ernest Pallascio-Morin est actuellement collaborateur régulier au journal **L'information médicale et paramédicale**.

Clair-obscur, poésie. Montréal, B. Valiquette, 1939. 148 p.

Brentwick, roman. Préface de Jean Dufresne, Montréal, Imprimerie Populaire, 1940. 193 p.

Jésus passait, poésie. Préface de Léonard-M. Puech, o.f.m., Montréal, Éd. du Lévrier, 1944. 240 p.

Je vous ai tant aimée, roman. Montréal, Éd. du Lévrier, 1945. 208 p.

La louve, roman. Québec, ILQ, 1952. 206 p.

Marie mon amour, méditations. Préface de Roger Brien, Québec, ILQ, 1954. 161 p.

The immortal profile, poésie. Trad. anglaise de Ella-Marie Cooper, (titre original: **Jésus passait**), Chicago, Franciscan Herald Press, 1958. 204 p.

Sentiers fleuris, livres ouverts, nouvelles. Montréal, Beauchemin, 1959. 75 p.

Rumeurs, souvenirs. Montréal, Beauchemin, 1960. 218 p.

Le vertige du dégoût, essai. Montréal, Éd. de l'Homme, 1961.

Pleins feux sur l'homme, poésie. Montréal, Déom, 1963. 65 p.

Autopsie du secret, poésie. Préface de Charles-Marie Boissonnault, Québec, Garneau, 1964. 78 p.

L'heure intemporelle, poésie. Québec, Garneau, 1965. 103 p.

Les vallandes, récits et nouvelles. Québec, Garneau, 1966. 145 p.

Demain, tu n'auras plus un instant, poésie. Montréal, HRW, 1967. 60 p.

Pour les enfants du monde, poésie. Ill. d'Anne Letellier, Québec, Garneau, 1968. 130 p.

Par la route ascendante: Catherine de Saint-Augustin, essai. (s.l.), Hospitalières de Saint-Augustin, 1968. 26 p.: portr.

Les amants ne meurent pas, poésie. Montréal, Déom, 1970. 79 p.

Un visage à reconnaître, poésie. Québec, Garneau, 1973. 77 p.

Hôtel San Pedro, théâtre. Montréal, Leméac, 1973. 71 p.

La machine dans le destin de l'homme, essai. Montréal, Beauchemin, 1973. 111 p.: ill.

Maxime, théâtre. Montréal, Leméac, 1974. 93 p.

Club Saint-Denis, 1874-1974. Montréal, Le Club, 1974. 152 p.: ill, hors commerce.

L'amnésie des dieux, poésie. Québec, Garneau, 1975. 108 p.

To speak of love. Trad. anglaise de Marguerite Duchesnay-Macdonald, (titre original: **Par la route ascendante**).

Maxime. Québec, Éd. de l'Hôtel-Dieu, 1976.

La magie de l'eau, poésie. Ill. de Gilles-E. Gingras. Préface de G.-Édouard Rinfret, Sutton, Éd. Monticule, 1978. 157 p.

Jean-Marcel PAQUETTE

Né à Montréal en 1941, Jean-Marcel Paquette a reçu son doctorat du Centre d'études supérieures de civilisation médiévale de l'Université de Poitiers (1968). Actuellement professeur à l'Université Laval, il a été professeur invité à l'Université de Cæn (1971-74) et à l'Université Wroclaw, en Pologne (1979). Membre du Conseil de la langue française, il est aussi directeur littéraire, pour le Québec, des éditions Fernand Nathan de Paris. Jean-Marcel Paquette a reçu le Prix France-Québec en 1974 et a été nommé *Catedratico honorario* (titulaire d'honneur) de l'Université de Novare.

Rina Lasnier, essai. Montréal, Fides, 1964.
Jacques Ferron malgré lui, essai. Montréal, Éd. du Jour, 1970. 221 p.
Le joual de Troie, essai. Montréal, Éd. du Jour, 1973. 236 p.
Jacques Ferron malgré lui, essai. Nouvelle édition augmentée, Montréal, Parti Pris, 1978. 288 p.
Le joual de Troie, essai. Nouvelle édition augmentée, Montréal, Éd. du Jour, 1979. 322 p.
Le Québec par les textes, manuel. Paris, Éd. Nathan, Montréal, Éd. France-Québec, 1979. 325 p.
L'épopée de Gilgamesh. Ill. de Maureen Maxwell. Trad. et adapt. du récit sumérien, Montréal, VLB, 1979.
La chanson de Roland. Trad. et adapt., Paris, Stock +, 1979. 160 p.

Jean-Pierre PAQUIN

«J'ai un diplôme de barman professionnel. Mes deux emplois les plus récents furent barman et bus boy. Présentement, je suis commis-serveur dans un café-club d'échecs. J'ai été chroniqueur pour le magazine **Madame** d'avril 1977 à avril 1978. Je continue de collaborer très régulièrement à ce magazine en tant que pigiste et journaliste. (...) L'événement qui m'a le plus marqué est incontestablement le moment de ma naissance. Tous les événements de ma vie contribuent à m'indiquer clairement que je n'en reviendrai jamais! Deux de mes pièces ont été primées par le Centre d'essai des auteurs dramatiques. Les seules autres mentions honorifiques que je connaisse sont les scandales que suscitent manifestement la plupart de mes œuvres...»

J.-P.P.

Le jeu, théâtre et nouvelle. Montréal, Jean-Pierre Paquin éditeur, 1974.
Les nouveaux-nés, théâtre, nouvelles, poésie. Montréal, Jean-Pierre Paquin Éditeur, 1974. 119 p.
Le sein glorifié, essai. Montréal, Jean-Pierre Paquin éditeur, 1975. 74 p.: ill.
Sur les chemins de l'excommunication, nouvelles. Montréal, Jean-Pierre Paquin éditeur, 1978. 148 p.

Gravure sur bois de Monique Charbonneau
pour l'édition d'art de **Aux Marges du si-
lence** de Félix-Antoine Savard aux Éditions
Michel Nantel.
Fonds d'archives des Éditions Michel
Nantel,
Archives nationales du Québec.

Wilfrid PAQUIN

Richard Robitaille

Wilfrid Paquin, qui a obtenu un doctorat en littérature (1959) de l'Université d'Ottawa, a enseigné le français pendant trente ans. Rédacteur et correcteur d'épreuves depuis une dizaine d'années aux Éditions F.I.C. de Laprairie, grand lecteur de poésie et grand voyageur, il a signé du pseudonyme de Charles Lorenzo quelque soixante-quinze poèmes qui ont, pour la plupart, paru dans des journaux et dans des revues aux États-Unis, à Ottawa et au Québec, avant d'être réunis et publiés sous forme de recueils. Il participe aux activités de plusieurs sociétés littéraires qui animent la vie des lettres québécoises, notamment: la Société des poètes canadiens-français, la Société des écrivains canadiens. En 1963, il a remporté un Deuxième Prix au trente-huitième concours de poésie de la Société des poètes canadiens-français (désormais, la Société des poètes québécois).

Reflets. LaPrairie, Les Entreprises Culturelles, 1970. 78 p.

Chatoiements. LaPrairie, Les Entreprises Culturelles, 1971. 80 p.

Rutilances. LaPrairie, Les Entreprises Culturelles, 1972. 88 p.

Diaprures. LaPrairie, Les Entreprises Culturelles, 1973. 116 p.

Moires. LaPrairie, Les Entreprises Culturelles, 1974. 116 p.

Parhélies. LaPrairie, les Entreprises Culturelles, 1975. 116 p.

Coruscations. LaPrairie, Les Entreprises Culturelles, 1976. 120 p.

Spasmes. LaPrairie, Les Entreprises Culturelles, 1977. 124 p.

Suzanne
PARADIS

Kèro

Suzanne Paradis, née à Québec en 1936, enseigna quelques années mais, dès 1954, elle se consacra entièrement à la carrière littéraire et à des activités connexes. Auteur de plus d'une vingtaine d'ouvrages, Suzanne Paradis a été chroniqueur de poésie au **Soleil** (1970-71), auteur d'une série radiophonique sur la femme dans le roman québécois (1972-73), animatrice d'ateliers littéraires dans les collèges et universités (1973-74), membre de la Commission consultative des arts (1973-75), membre du collectif d'**Estuaire** depuis 1977, recherchiste et rédactrice au **Dictionnaire des œuvres littéraires du Québec**. Suzanne Paradis est membre de l'Académie canadienne-française et de nombreux prix lui ont été décernés: Prix Camille Roy (1961), Prix de la province de Québec (1963), Prix France-Québec (1965), Prix Du Maurier (1970).

Les enfants continuels, poésie. Charlesbourg, Ateliers Michaud, 1959. 68 p.

À temps, le bonheur, poésie. Charlesbourg, (s. éd.), 1960. 116 p.

Les hauts cris, roman. Paris, Éd. de la diaspora française, 1960. 175 p.

La chasse aux autres, poésie. Trois-Rivières, EBP, 1961. 106 p.

Il ne faut pas sauver les hommes, conte. Québec, Garneau, 1961. 187 p.: Ill.

La malebête, poésie. Québec, Garneau, 1962. 94 p.

Pour les enfants des morts, poésie. Québec, Garneau, 1964. 147 p.

Le visage offensé, poésie. Québec, Garneau, 1966. 176 p.

Femme fictive, femme réelle; le personnage féminin dans le roman féminin canadien-français, 1884-1966, essai. Québec, Garneau, 1966. 330 p.

François-les-oiseaux, nouvelles. Québec, Garneau, 1967. 161 p.

Les cormorans, roman. Québec, Garneau, 1968. 243 p.

L'œuvre de pierre, poésie. Québec, Garneau, 1968. 72 p.

Pour voir les plectrophanes naître, poésie. Québec, Garneau, 1970. 89 p.

Emmanuelle en noir, roman. Québec, Garneau, 1971. 177 p.

Il y eut un matin, poésie. Québec, Garneau, 1972. 76 p.

La voie sauvage, poésie. Québec, Garneau, 1973. 68 p.

Quand la terre était toujours jeune, roman. Québec, Garneau, 1974. 143 p.

L'été sera chaud, roman. Québec, Garneau, 1975. 210 p.

Noir sur sang, poésie. Québec, Garneau, 1976. 119 p.

Un portrait de Jeanne Joron, roman. Québec, Garneau, 1977. 261 p.

When the Earth Was Still Young, roman. Trad. de Basil Kingstone, (titre original: **Quand la terre était toujours jeune**), Montréal, Canadian Fiction Magazine, no 26, 1977.

Poèmes, 1959-1960-1961. Édition partielle et corrigée de **Les enfants continuels, À temps, le bonheur** et **La chasse aux autres**, Québec, Garneau, 1978. 243 p.

Adrienne Choquette lue par Suzanne Paradis: une analyse de l'œuvre littéraire d'Adrienne Choquette, essai. Notre-Dame-des-Laurentides, Presses laurentiennes, 1978. 220 p.: ill., fac-sim., portr.

François
PIAZZA

Kèro

Le journaliste François Piazza est né à Marseille (France) le 13 mai 1932. Son premier recueil **Les chants de l'Amérique** lui a valu le Prix Du Maurier en 1965.

Les chants de l'Amérique, poésie. Longueuil, Image et Verbe/Le Crible, 1965. 28 p.
L'identification. Montréal, IVE, 1966.
Image et verbe. D'après trente collages d'Irène Chiasson, des poèmes de François Piazza et autres. Préf. de Robert Hein, Longueuil, Éd. Image et Verbe, 1966. xxxi-64 p.: photog.
Blues for One. Montréal, IVE, 1967.

Jean-Guy
PILON

Kèro

Né à Saint-Polycarpe le 12 novembre 1930, Jean-Guy Pilon a obtenu une licence en droit de l'Université de Montréal en 1954. Il a participé à la fondation de la revue **Liberté** dont il est encore directeur aujourd'hui. Il est secrétaire général de la Rencontre québécoise internationale des écrivains, membre de la Société royale du Canada et chef du Service des émissions culturelles à Radio-Canada. Ses œuvres ont été couronnées à plusieurs reprises: Prix de poésie du Québec (1956), Prix Louise Labé (1969), Prix France-Canada (1969) et Prix du Gouverneur général du Canada (1970).

La fiancée du matin, poésie. Montréal, Amicitia, 1953. 60 p.
Les cloîtres de l'été, poésie. Avant-propos de René Char, Montréal, l'Hexagone, 1954. 30 p.
L'homme et le jour, poésie. Montréal, l'Hexagone, 1957. 53 p.
La mouette et le large, poésie. Montréal, l'Hexagone, 1960. 70 p.
Recours au pays, poésie. Montréal, l'Hexagone, 1961.
Pour saluer une ville, poésie. Montréal et Paris, HMH/Seghers, 1963. 74 p.
Solange, récit. Montréal, Éd. du Jour, 1966. 123 p.
Comme eau retenue; poèmes 1954-1963. Montréal, l'Hexagone, 1968-1969. 195 p.

Saisons pour la continuelle, poésie. Paris, Seghers, 1969. 42 p.
Poèmes 70, anthologie. Montréal, l'Hexagone, 1970.
Poèmes 71, anthologie. Montréal, l'Hexagone, 1972. 91 p.
Silences pour une souveraine, poésie. Ottawa, PUO, 1972. 51 p.: fac-sim.

Jean-Marc
PIOTTE

Kèro

Jean-Marc Piotte, né en 1940, a participé en 1963 à la fondation de la revue **Parti Pris**. Il a fait l'expérience de l'animation sociale au BAEQ (Bureau d'aménagement de l'Est du Québec) et il fut l'un des dirigeants du M.L.P. (Mouvement de libération populaire), le pendant politique de la revue **Parti Pris**. De 1966 à 1969, il poursuit ses études à Rome, Londres et Paris, et obtient un doctorat en sociologie de la Sorbonne. De retour au Québec, il est professeur de philosophie au CEGEP Saint-Laurent et de sciences politiques à l'UQAM. Il s'occupe alors activement de syndicalisme et on le retrouve à la présidence du Syndicat des professeurs d'université et à la vice-présidence de la Fédération nationale des enseignants du Québec. Il rendra compte de cette expérience dans l'un des nombreux essais qu'il publie à partir de 1970.

En 1975, Jean-Marc Piotte a participé à la fondation et à la direction d'une autre revue: **Chroniques**.

La pensée politique de Gramsci, essai politique. Trad. en japonais, portugais, espagnol, Paris et Montréal, Anthropos/Parti Pris, 1970. 302 p.

Québec occupé, essai politique. En coll., Montréal, Parti Pris, 1971. 249 p.

Sur Lénine, essai politique. Montréal, Parti Pris, 1972. 300 p.

La lutte syndicale chez les enseignants, essai politique. En coll., Montréal, Parti Pris, 1973. 163 p.

Portraits du voyage, témoignage. En coll. avec M. Gagnon et Patrick Straram le Bison ravi, Montréal, l'Aurore, 1975. 95 p.

Les travailleurs contre l'État bourgeois, essai politique. En coll. avec Diane Éthier, Jean Reynolds, Montréal, l'Aurore, 1975. 274 p.

Un syndicalisme de combat, essai politique. Polycopié. Montréal, Éd. Albert St-Martin, 1977. 267 p.

Marxisme et pays socialistes, essai. Montréal-nord, VLB, 1979. 208 p.

Raymond PLANTE

Kèro

«Né à Montréal, le 26 juin 1947, Raymond Plante a publié deux livres: **La débarque**, roman de 126 pages, aux éditions de l'Actuelle en 1974 (Prix de l'Actuelle 1974) et **Une fenêtre dans ma tête**, livre pour enfants à La courte échelle en 1979.

Depuis 1973, il écrit beaucoup pour la radio et la télévision. À la radio, il a fourni plusieurs dramatiques aux émissions Premières, Micro-Théâtre et La Feuillaison ainsi que des textes littéraires diffusés sur les ondes FM de Radio-Canada. Il a aussi écrit environ 500 textes télévisuels. La plupart d'entre eux font partie d'émissions pour enfants: Minute Moumoute!, Du soleil à 5 cents, La boîte à lettres, Une fenêtre dans ma tête, Es-tu d'accord?, La fricassée, Pop-citrouille et bientôt une adaptation très large des **Aventures de Don Quichotte**. Pour adultes, il a donné une dramatique à Radio-Canada, **Le train sauvage**, et collabore aux scénario du «Du tac au tac». Il a également participé à trois séries à Radio-Québec. Disons enfin qu'il a aussi écrit pour les journaux (**La Presse**) et les revues littéraires (**Écrits du Canada français, Liberté, La nouvelle barre du jour**). Il prépare présentement un second roman, un recueil de poèmes et plusieurs livres pour enfants.»

R.P.

La débarque, roman. Montréal, l'Actuelle, 1974. 126 p.

Une fenêtre dans ma tête, livre pour enfants. Ill. de Roger Paré. Montréal, La courte échelle, 1979.

Alain
PONTAUT

Kèro

Né à Bordeaux (France), où il fit ses études de lettres, Alain Pontaut, qui vit au Québec depuis le début des années soixante, a apporté une intéressante et importante contribution à nos lettres dans le domaine de la critique et de la création. En tant que journaliste, critique littéraire ou éditorialiste, il a collaboré aux principaux journaux et périodiques du Québec — **La Presse, Le Devoir, Le Jour, Maclean** — et il a aussi travaillé à Radio-Canada. Il a été directeur littéraire des Éditions Leméac (section théâtre) et secrétaire général du Théâtre du Nouveau Monde. Il est actuellement conseiller culturel attaché au Cabinet du Premier Ministre du Québec. Une de ses pièces, **Un bateau que Dieu sait qui...** a été créée au Théâtre du Nouveau Monde.

Yougoslavie, géographie. Paris, Le Seuil, 1960. 189 p.

La tutelle, roman. Montréal, Leméac, 1968. 141 p.

Un bateau que Dieu sait qui avait monté et qui flottait comme il pouvait, c'est-à-dire mal, pièce en deux parties. Introd. de Jacques Brault, Montréal, Leméac, 1970. 105 p.

La grande aventure du fer, récit. En coll. avec Gilles Vigneault et George Dor, Montréal, Leméac, 1970. 127 p.: ill. (part. en coul.).

Le tour du lac, poésie. Montréal, Leméac, 1971. 109 p.

Dictionnaire critique du théâtre québécois. Montréal, Leméac, 1972. 161 p.

La bataille du livre au Québec; oui à la culture française, non au colonialisme culturel, pamphlet. En coll. avec Pierre de Bellefeuille et autres, préface de J.Z. Léon Patenaude, Montréal, Leméac, 1972. 137 p.

L'illusion de midi suivi de **L'aventure**, théâtre. Préface de Marcel Dubé, Montréal, Leméac, 1073. 68 p.

Le grand jeu rouge, théâtre. Montréal, Leméac, 1975. 138 p.

La sainte alliance, roman. Montréal, Leméac, 1977. 261 p.

Gabrielle POULIN

Kèro

Gabrielle Poulin, née à Saint-Prosper (Dorchester) en 1929, possède une licence en lettres de l'Université de Montréal (1967) et un doctorat en lettres de l'Université de Sherbrooke (1975). Professeur dans différentes écoles, collèges et universités de 1949 à 1975, Gabrielle Poulin est maintenant critique littéraire dans plusieurs journaux et revues: **Relations, Le Droit, Lettres québécoises, University of Toronto Quarterly,** etc. Depuis 1977, elle est commentatrice à l'émission «Littérature au pluriel» à Radio-Canada.

Les miroirs d'un poète; image et reflets de Paul Éluard. Coll. «Essais pour notre temps», Bruxelles, Desclée de Brouwer, Montréal, Éd. Bellarmin, 1969. 170 p.: ill., portr.

Jacques POULIN

Denis Arcand

Né à Saint-Gédéon-de-Beauce, Jacques Poulin vit maintenant à Cap-Rouge, près de Québec. Après des études classiques aux séminaires de Saint-Georges et de Nicolet, il obtient à l'Université Laval une licence en orientation professionnelle (1960), puis en lettres (1964). D'abord traducteur, il occupe pendant quelque temps le poste d'assistant de recherches en psychologie à l'Université Laval, puis de conseiller en orientation au Collège Notre-Dame de Bellevue. Et, «un beau jour», il choisit de se consacrer entièrement à l'écriture... Fidèle à lui-même — et à ses lecteurs — il construit son œuvre, et remporte, en 1974, le Prix de La Presse pour **Faites de beaux rêves**.

Mon cheval pour un royaume, roman. Montréal, Éd. du Jour, 1967. 130 p.
Jimmy, roman. Montréal, Éd. du Jour, 1969. 158 p.
Le cœur de la baleine bleue, roman. Montréal, Éd. du Jour, 1970. 200 p.
Faites de beaux rêves, roman. Montréal, l'Actuelle, 1974. 163 p.
Les grandes marées, roman. Montréal, Leméac, 1978. 200 p.: ill.

Jean-Marie POUPART

Kèro

«Adolescent, je me suis aperçu qu'on me coupait fréquemment la parole, qu'on ne m'écoutait pas. J'ai peut-être décidé d'écrire d'abord pour me faire comprendre de mes proches — ensuite, bien sûr, pour me faire comprendre d'un peu tout le monde. Or, le paradoxe est le suivant: depuis que j'écris, on n'arrête plus de me demander de parler, d'expliquer pourquoi et comment j'écris... C'est amusant, d'autant plus que je suis resté assez timide; c'est amusant, d'autant plus que de parler tant sur ce que j'écris m'empêche de plus en plus d'écrire...»

Professeur de français au Collège de Saint-Jean-sur-Richelieu après avoir obtenu une licence en lettres à l'Université de Montréal (1969), occasionnellement, «très occasionnellement même, et c'est heureux...» lecteur de manuscrits après des années où il connut dans ce domaine l'avalanche à vil prix, Jean-Marie Poupart, qui déclare en outre parler anglais (*English baragouined*), écrire le latin et le grec ancien, continue de livre en livre à cultiver le paradoxe avec un sens de l'absurde et une

fraîcheur d'esprit qui font de lui le plus amusant de nos écrivains sérieux.

Jean-Marie Poupart a fait partie du premier bureau de direction de l'Union des écrivains québécois.

Angoisse play, roman. Montréal, Éd. du Jour, 1968. 110 p.

Que le diable emporte le titre, roman. Montréal, Éd. du Jour, 1969. 147 p.

Ma tite vache a mal aux pattes, roman. Montréal, Éd. du Jour, 1970. 244 p.

Les récréants; essai portant, entre autres choses, sur le roman policier. Montréal, Éd. du Jour, 1972. 123 p.

Chère Touffe, c'est plein plein de fautes dans ta lettre d'amour, roman. Montréal, Éd. du Jour, 1973. 261 p.

C'est pas donné à tout le monde d'avoir une belle mort; roman: récit de soulagement, drôle d'histoire un peu démodée. Montréal, Éd. du Jour, 1974. 146 p.

Bourru mouillé: pour ceux qui savent parler aux enfants, contes. Ill. de Mireille Levert. Montréal, Éd. Int. A. Stanké/Quinze, 1975. 99 p.

Ruches, récit. Montréal, Éd. Leméac, 1978. 339 p.

Georges RABY

Kèro

«Je suis né à Montréal un 24 juin. Durant mon enfance je croyais mordicus que la St-Jean Baptiste se fêtait pour moi. Quelle déception le jour où je compris que croyance et réalité n'allaient pas toujours main dans la main. J'en perdis la foi!

Mon enfance fut certainement la période la plus marquante de ma vie. Je n'ai jamais désiré réellement en sortir... Ma jeunesse fut particulièrement heureuse à partir de six ans, lorsqu'on a délaissé les rues du haut Plateau Mont-Royal pour s'installer au pied de la montagne à une époque où toutes les herbes de ce territoire n'étaient pas encore changées en étudiants.

Au banc de classe, je préférais l'école buissonnière dont j'ai obtenu à force de persévérance un doctorat *honoris causa*. Mes maîtres sont J.A. Coménius qui croyait qu'on pouvait apprendre beaucoup mieux par les sens en liberté dans la nature que dans des livres austères et L. Bolk qui a démontré que l'homme est devenu un animal supérieur au singe le jour où il a compris que son intelligence ne pouvait se développer réellement qu'en accord avec l'épanouissement de son immaturité.

Entre temps, j'ai fait quelques études au Brébeuf, non par amour des anciens Jésuites, mais parce que j'habitais tout près de ce collège. On a bien essayé de faire de moi un individu respectable, instruit, armé d'une foule de connaissances inutilement honorables. Mais tout ce qui est sérieux, intellectuel, dogmatique, même bien camouflé, me donne une sorte de nausée...

Pour gagner ma vie, j'ai fouiné dans tous les milieux: usines, bureaux, hôtels, restaurants, etc... sans grand plaisir. Découragé, un bon matin je pars vers le Mexique grâce à mon pouce. De retour, après six mois de voyage, je fréquente les coulisses des théâtres où je fis de tous les métiers. Un jour, je me réveillai à la tête d'une compagnie théâtrale et je pensai qu'il était temps de quitter les lieux avant qu'il ne soit trop tard!!!

Je suis pour la semaine de travail de quatre heures. Le temps est trop précieux pour le donner en échange de l'argent. Je devins professeur suppléant, rédacteur de programmes de spectacles et griffonneur d'articles pour les journaux. Comme j'ai toujours confié mes impressions à des bouts de papier, je pensai que ma vraie vocation était d'écrire. Je me lançai à fond dans le journalisme. Trop indépendant, je demeurai pigiste. Je crois que le journalisme est la plus belle école active.

Malgré tout, je suis assez solitaire, même si je n'aime pas vivre seul. C'est pourquoi j'aime tellement la rue, les cafés et le cinéma. J'arrive difficilement à me passer de la compagnie des jeunes femmes sans souffrir le martyr. Je fuis la souffrance même si je succombe à la tentation de temps en temps. J'aime la bande dessinée, les plantes sauvages et la vie en forêt, les choses scientifiques, les écrivains et les gens imaginatifs. J'aime l'amour et la vie. Écrire, c'est progresser vers le bonheur. Même si parfois la plume ressemble plus à une canne d'aveugle! Qu'importe, je tiens bon. À suivre...»

G.R.

L'idéaliste récalcitrant, récit. Montréal, Éd. du Bouc, 1977. 53 p.

Jardinage sans terre, guide pratique de culture hydroponique. Montréal, l'Étincelle, 1978. 140 p.

Jacques RANCOURT

Jacques Rancourt est né au Lac Mégantic, en 1946, et vit à Paris depuis 1971. Après une licence en lettres à l'Université Laval et un «Octobre 1970» qui imprime sa marque, il part à la découverte de la poésie contemporaine. Tout en poursuivant ses études de lettres à Nanterre (maîtrise en 1972) puis à la Sorbonne (doctorat en 1976), il s'occupe activement de poésie, devient membre du comité de rédaction des Éditions Saint-Germain-des-Prés et donne des conférences sur la poésie contemporaine (surtout québécoise et négro-africaine). Il a été l'un des organisateurs du IIIe Festival français-anglais de poésie de Marly-le-Roi et fait partie du conseil d'administration des Poètes associés, association internationale qui vient de naître.

La poésie contemporaine de langue française. Paris, Saint-Germain-des-Prés, 1973.

La journée est bien partie pour durer, poèmes. Paris, Saint-Germain-des-Prés, 1974.

L'eau bascule, poèmes. Méry-sur-Oise, Éd. RmgS, 1974.

Poésie du Québec: les premiers modernes. Coll. «Poésie I», Paris, Saint-Germain-des-Prés, 1974.

La nouvelle poésie québécoise. Coll. «Poésie I», Paris, Saint-Germain-des-Prés, 1974.

Le soir avec les autres, poèmes. Avec gravures sur bois d'Alix Haxthausen, Paris, G.D., 1977.

Jean-Robert RÉMILLARD

Kèro

«Je suis né à Montréal en 1928. Mes parents sont originaires de St-Jacques-le-Mineur. C'est dans ce village que j'ai passé mes étés d'enfance dans la maison même où mon père était né. J'ai ma place réservée aussi dans le cimetière de ce village.

J'écris depuis toujours, mais je n'ai en fait terminé une œuvre qu'en 1955. C'était **Le printemps ne peut fleurir un tramway**, pièce jouée au téléthéâtre. Ce titre illustre bien le choix de vie qu'à l'époque j'avais fait: vivre sur une ferme, essayer d'y être heureux et d'y écrire. En effet, dès 1950, ma femme et moi étions installés fermiers, dans les Deux-Montagnes. J'y suis toujours et ma bergerie est en passe de devenir l'une des plus anciennes du Québec.

Pour faire vivre cette ferme, j'ai écrit beaucoup de théâtre. Je n'ai pas eu le temps de publier. L'avenir le fera pour moi si ça l'intéresse. Il y aurait environ vingt-cinq pièces dont les 4/5 ont été jouées à l'écran ou sur la scène, cinq ou six recueils de poèmes, des nouvelles, cinq cents fragments de pièces inachevées, un **Journal agricole** et un **Journal d'écrivain**, quelques essais sur le théâtre. C'est tout. Bon courage aux entrepreneurs.

Entre deux bouts d'écriture, je dirige par masochisme l'option théâtre du Collège Lionel-Groulx, école de formation théâtrale que j'ai fondée en 1968.»

J.-R. R.

Sonnets archaïques pour ceux qui verront l'indépendance suivis de **Complaintes du pays des porteurs d'eau**, poésie. Montréal, Parti Pris, 1966. 61 p.

Cérémonial funèbre sur le corps de Jean-Olivier Chénier, théâtre. Montréal, Leméac, 1974. 121 p., 8 p. de planches: ill.

Bernadette RENAUD

Kèro

Auteur de plusieurs ouvrages de littérature pour les enfants, Bernadette Renaud a remporté en 1976 le Prix de Littérature de jeunesse du Conseil des Arts du Canada pour **Émilie, la baignoire à pattes**, et le Prix Alvine Bélisle, décerné par l'ASTED (Association pour l'avancement des sciences et des techniques de la documentation), pour le même livre, l'année suivante. Depuis, elle se consacre à temps plein à la création littéraire de même qu'à l'animation auprès des enfants. Elle a, par exemple, déjà rencontré, en une seule année, plus de quatre mille élèves, ainsi que des groupes de professeurs, au cours de rencontres auteur-lecteurs. Ayant été elle-même professeur au niveau primaire et assistante-bibliothécaire, Bernadette Renaud se trouvait bien préparée à cet aspect de son métier. Bien qu'elle n'ait commencé à écrire qu'à l'âge de vingt-huit ans, toute sa vie, dit-elle, «a été inconsciemment orientée dans ce sens». Elle souhaite maintenant écrire «non seulement pour la jeunesse mais pour tous les âges».

Bernadette Renaud a été membre du bureau de direction de Communication-Jeunesse en 1977.

Émilie, la baignoire à pattes. Montréal, Éd. Héritage, 1976. 126 p.

Le petit pompier. Boucherville, Le Sablier, 1978. 16 p.

L'autobus scolaire en colère. Boucherville, Le Sablier, 1978. 16 p.

La fête de la citrouille. Boucherville, Le Sablier, 1978. 16 p.

La carte de Noël. Boucherville, Le Sablier, 1978. 16 p.

Le ménage du samedi. Boucherville, Le Sablier, 1978. 16 p.

Oscar a disparu. Boucherville, Le Sablier, 1978. 16 p.

Le dentiste. Boucherville, Le Sablier, 1978. 16 p.

Les matins de Martin. Boucherville, Le Sablier, 1978. 16 p.

Sophie à l'épicerie. Boucherville, Le Sablier, 1978. 16 p.

Le chat de l'oratoire. Coll. «Goéland», Montréal, Fides, 1978. 94 p.

Émilie, la baignoire à pattes. Montréal, Éd. Héritage, 1978. 16 p.: ill.

La tempête de neige. Boucherville, Le Sablier, 1978. 16 p.

Les 4 saisons de Branchu. Boucherville, Le Sablier, 1978. 16 p.

Le gâteau d'anniversaire. Boucherville, Le Sablier, 1978. 16 p.

Les jouets. Boucherville, Le Sablier, 1978. 16 p.

Ça ira mieux demain. Boucherville, Le Sablier, 1978. 16 p.

Ghislaine REY

Kèro

Ghislaine Rey est née à Haïti, en 1918, où elle a suivi des cours d'espagnol, de correspondance commerciale et de traduction. Professeur de géographie, d'histoire et de français (1950-63), elle fut aussi journaliste au quotidien **Haïti miroir** avant de quitter son pays pour le Congo (aujourd'hui le Zaïre) où elle fut traductrice à l'ambassade du Nigéria et au Centre de sociologie à Léopoldville. Naturalisée canadienne, Ghyslaine Rey a été traductrice à la Société canadienne de grapho-analyse et fait actuellement de la traduction à la pige.

Anthologie du roman haïtien de 1859-1946. Introd., choix et notices de G. Rey, préf. de Thomas Lechaud, Sherbrooke, Naaman, 1978. 197 p.: ill.

André RICARD

Luc Chartier

«André Ricard, né en 1938 à Sainte-Anne-de-Beaupré, a poursuivi des études classiques chez les Jésuites, à Québec, et des études en pédagogie puis en lettres à l'Université Laval. Il a ensuite fait le Conservatoire d'art dramatique.

De 1957 à 1968, il a travaillé au Théâtre de l'Estoc dont il était l'un des fondateurs. Il y fut metteur en scène et directeur artistique. Il réalise ensuite des émissions radiophoniques pour la Société Radio-Canada, de même qu'une série sur film destinée à la télévision.

Il est l'auteur de plusieurs œuvres dramatiques pour la radio. La Communauté des radios de langue française a décerné le Prix Court métrage à l'une d'elles, en 1976.

André Ricard donne des cours à l'Université Laval depuis 1965».

A.R.

La vie exemplaire d'Alcide 1er Le Pharamineux et de sa proche descendance, théâtre. Montréal, Leméac, 1973. 174 p.
La gloire des filles à Magloire, théâtre. Montréal, Leméac, 1975. 156 p.
Le Casino voleur, théâtre. Montréal, Leméac, 1978. 168 p.

François RICARD

Kéro

Né à Shawinigan en 1947, François Ricard est maître ès arts de l'Université McGill et docteur de l'Université d'Aix-Marseille (1971). Professeur de littératures française et québécoise à l'Université McGill, critique littéraire, membre de la direction de la revue **Liberté**, scripteur et commentateur à la radio, il est également codirecteur de la collection «Prose entière» aux Éditions Quinze. En 1978, il participait à la fondation des Éditions du Sentier.

L'art de Félix-Antoine Savard dans «Menaud, maître-draveur», essai. Montréal, Fides, 1972. 142 p.
Gabrielle Roy, essai. Montréal, Fides, 1975. 191 p.

Yvon
RIVARD

Guy
ROBERT

Kèro

Yvon Rivard est né à Sainte-Thècle en 1945. Bachelier ès arts du Collège Sainte-Marie de Shawinigan, maître ès arts de l'Université McGill, il obtient son doctorat en civilisation française de l'Université d'Aix-Marseille en 1971. Il donne, comme étapes importantes de son itinéraire intellectuel, la lecture de Rilke, en 1966, la découverte de la littérature allemande et sa rencontre avec le poète Guy Lafond vers 1968. Yvon Rivard est membre du comité de rédaction de la revue **Liberté** et enseigne au département d'études françaises à l'Université McGill.

Mort et naissance de Christophe Ulric, roman. Montréal, La Presse, 1976. 203 p.
Frayère, album, poésie/gravure. Gravures de Lucie Lambert, St-Boniface, Atelier Lucie Lambert, 1976. 1 portefeuille (18, 2f., 9 f. de planches).
L'imaginaire et le quotidien, essai sur les romans de G. Bernanos. Coll. «Lettres modernes», Paris, Minard, 1978. 255 p.

Kèro

Né à Ste-Agathe-des-Monts en 1933, Guy Robert détient une maîtrise ès arts de l'Université de Montréal où il a également poursuivi des études en philosophie, avant d'aller à Paris où il a obtenu un doctorat en esthétique. Il a publié, depuis 1955, plus de cinq cents articles dans les domaines de l'art, de la littérature et de l'esthétique, a enseigné dans plusieurs collèges et universités, surtout au Québec, et donné de nombreuses conférences. Fondateur du Musée d'art contemporain de Montréal en 1964, il a ensuite dirigé l'exposition internationale de sculpture moderne à l'Expo 67. Tout en s'occupant activement d'édition d'art, de poésie et d'estampes originales, il a collaboré à quelques centaines d'émissions de radio et de télévision. Guy Robert est membre de l'Association internationale des critiques d'art et membre de différents comités de rédaction et de lecture. Il s'est mérité le Grand Prix littéraire de la Ville de Montréal en 1976.

Vers un humanisme contemporain, essai. Montréal, (s. éd.), 1956. 68 p.

Broussailles givrées, poésie. Montréal, Éd. Goglin, 1959. 60 p.

La poétique du songe; introduction à l'œuvre d'Anne Hébert, essai. Montréal, Presses de l'AGEUM, 1962. 125 p.

Pellan, sa vie et son œuvre, His Life and his Art, essai. Textes en français et en anglais. Trad. anglaise de George Lach, Montréal, CPP, 1962. 135 p.: ill. (part. en coul.).

Connaissance nouvelle de l'art, approche esthétique de l'expérience artistique contemporaine, essai. Liminaire de René Huyghe, Montréal, Déom, 1963. 270 p.

Et le soleil a chaviré, poésie. Montréal, Déom, 1963. 55 p.

École de Montréal, situation et tendances; Situation and Trends, essai. Textes en français et en anglais. Trad. anglaise de George Lach, Montréal, CPP, 1964. 150 p.: ill. (part. en coul.), portr.

L'eau et la pierre; poème en sept chants de Guy Robert, en sept images de Roland Pichet, album. Montréal, (s. éd.), 1964. 16 f.

Littérature du Québec, témoignage de 17 poèmes. Montréal, Déom, vol. 1, 1964. 333 p.

Robert Roussil, livre d'art. Montréal, Musée d'art contemporain, 1965. 62 p.: ill.

Objets retrouvés, poèmes et proses, Sylvain Garneau, 1930-1953, édition de textes. Introd. et notes de Guy Robert, Montréal, Déom, 1965. 331 p.: ill., portr.

Symposium du Québec 1965, monographie. Montréal, Musée d'art contemporain, 1966. 56 p.

Sculpture, livre d'art. Textes en français et en anglais. Montréal, Expo '67, 1967. 128 p.: ill.

Une mémoire déjà; poèmes, 1959-1967. Québec, Garneau, 1968. 99 p.

Jean-Paul Lemieux; la poétique de la souvenance, essai. Québec, Garneau, 1968. 135 p.: ill. (part. en coul.).

Ailleurs se tisse; poèmes à variantes mobiles. Dessins de Roger Régnier. Québec, Garneau, 1969. 96 p.

Le su et le tu, poésie. Montréal, Éd. du Songe, 1969. 89 p.

Intrême-Orient; poème en sept images de Monique Charbonneau, en sept chants de Guy Robert. Montréal, Éd. du Songe, 1969. 7 f., 7 planches.

Jérôme, un frère jazzé, essai. Montréal, Éd. du Songe, 1969. 85 p.: ill. (part. en coul.), portr.

Québec se meurt, poésie. Montréal, Éd. du Songe, 1969. 89 p.

Syntaxe pour Lardera, poésie. Montréal, Éd. du Songe, 1969. 11 f. dans un étui: ill., portr.

Trans-apparence; poème en cinq images de Berto Lardera, en cinq chants de Guy Robert. Montréal, Éd. du Songe, 1969. 30 p.

Aspects de la littérature québécoise, essai. Montréal, Beauchemin, 1970. 191 p.

Riopelle, ou La poétique du geste. Montréal, Éd. de l'Homme, 1970 217 p.: ill. (part. en coul.). portr.

Albert Dumouchel, ou La poétique de la main. Montréal, PUQ, 1970. 95 p.: ill. (part. en coul.).

Yves Trudeau, sculpteur, essai. Textes en français et en anglais. Montréal, Association des sculpteurs du Québec, 1971. 56 p., 6 p. en majeure part. ill.

Littérature du Québec: poésie actuelle. Nouv. éd. remaniée et augmentée, (titre original: **Littérature du Québec**), Montréal, Déom, 1970. 403 p.

Le grand théâtre de Québec, essai. Coord. de Bernard Béliard, photo. de Johann Krieber. Sainte-Adèle, Éd. du Songe, 1971. 33 p.

Borduas, essai. Montréal, PUQ, 1972. 340 p.: ill. (part. en coul.).

Germain Bergeron, essai. Montréal, Association des sculpteurs du Québec, 1972. 84 p.

L'art au Québec depuis 1940, essai. Montréal, La Presse, 1973. 501 p.: ill. (part. en coul.).

Niska, essai. Montréal, Presses Libres, 1974. 91 p.: ill. en majeure part. en coul., portr.

La galaxie pourpre du désir: texte en trois mouvements pour le plaisir de l'œil, essai. Photo. de Marcel Bombardier. (s.l.), Frédéric, 1974. 57 p.

Lemieux, essai. Montréal, Éd. Int. A. Stanké, 1975. 303 p.: ill. (part. en coul.)., portr.

Jordi Bonet, essai. Textes en français et en anglais. Trad. anglaise de Donald J. Bryant, Sainte-Adèle, Éd. du Songe, 1975. 132 p.: ill., portr.

Rétrospective Jean Dallaire: la grande fête de Hull du 23 juin au 6 juillet 1975, Place du Portage, catalogue. Comprend du texte en anglais. Réal. de Robert Gauvin. Hull, Campeau, 1975. 38 p., 14 p. de planches: ill.

Marc-Aurèle Fortin: l'homme à l'œuvre, essai. Montréal, Éd. Int. A. Stanké, 1976. 299 p.: ill. (part. en coul.), fac-sim., portr.

Textures (1969-1970), poésie. Montréal, Déom, 1976. 107 p.

Kieff, essai. Textes en français et en anglais. Montréal, (s. éd.), 1976. 120 p.: ill.

Stelio Sole, essai. Part. de Monique Lambert à la photo. Sainte-Adèle, Éd. du Songe, 1977. 36 p.: ill. (part. en coul.), portr.

Borduas, ou Le dilemme culturel québécois, essai. Montréal, Éd. Int. A. Stanké, 1977. 253 p.: ill. (part. en coul.), fac-sim., portr.

Migrations, images de Gaston Petit et textes de Guy Robert, album. Sainte-Adèle, Iconia, 1978. 22 f.: ill.

La peinture au Québec depuis ses origines, essai. Sainte-Adèle, Iconia, Montréal, Éd. France-Amérique, 1978. 221 p.: ill. (part. en coul.).

Normand ROUSSEAU

«Normand Rousseau est né le 7 juillet 1939 à Plessisville, province de Québec. Il a obtenu son brevet A d'enseignement et son baccalauréat en pédagogie au Scolasticat-École normale des F.E.C. à Laval-des-Rapides en 1961. Par la suite, il a décroché les diplômes suivants: baccalauréat ès arts à l'Université de Sherbrooke en 1964; une maîtrise ès arts à l'Université d'Ottawa en 1965; un baccalauréat spécialisé en littérature et linguistique de l'Université de Montréal en 1975; une maîtrise ès lettres de l'Université d'Ottawa en 1979.

Après avoir enseigné sept ans au cours classique, il est devenu expert-coopérant en développement international au Maroc, en Afrique. Pendant cinq ans, il s'est enrichi au contact d'une civilisation très différente de la nôtre: le monde arabe et musulman. Il en a profité alors pour visiter une dizaine de pays d'Europe. De retour au pays, il a enseigné dans une polyvalente et au Bureau fédéral des langues. Avec **À l'ombre des tableaux noirs**, Normand Rousseau s'est mérité le Prix Jean Béraud-Molson 1977.»

N.R.

Les pantins, roman. Paris, La Pensée universelle, 1973. 243 p.

La tourbière, roman. Montréal, La Presse, 1975. 175 p.

Réal Caouette: Canada!, biographie. En coll. avec Jean-Guy Chaussée et Judith Richard, Montréal, Éd. Héritage, 1976. 196 p., 16 p. de planches: ill., portr.

Réal Caouette, Canada!, biographie. Trad. anglaise du précédent, Montréal, Éd. Héritage, 1976. 196 p., 16 p. de planches: ill.

À l'ombre des tableaux noirs, roman. Montréal, CLF, 1977. 254 p.

André
ROY

Kèro

Né à Montréal en 1944, André Roy, après des études en pédagogie et en lettres à l'Université de Montréal, poursuit une carrière de professeur en littérature. Passionné de cinéma (il est critique à la revue **Cinéma-Québec**), il est poète avant tout et s'intéresse particulièrement à la poésie nouvelle. Avec Louis-Philippe Hébert, il a dirigé la collection «Proses du jour» aux éditions du Jour; il fut aussi directeur de la collection «Écrire» aux éditions de l'Aurore, codirecteur de **Hobo-Québec** et secrétaire de rédaction de la revue **Chroniques**.

N'importe qu'elle page, poésie. Montréal, Les herbes rouges, 1973.

L'espace de voir, poésie. Coll. «Lecture en vélocipède», Montréal, l'Aurore, 1974.

En image de ça, poésie. Coll. «Lecture en vélocipède», Montréal, l'Aurore, 1974.

Vers mauve, poésie. Montréal, Les herbes rouges, 1975.

D'un corps à l'autre, poésie. Montréal, Les herbes rouges, 1976.

Corps qui suivent, poésie. Montréal, Les herbes rouges, 1977.

Formes, Choix de poèmes. (s.l.), Atelier de l'agneau, 1977.

Le sentiment du lieu, poésie. Montréal, Les herbes rouges, 1978.

Bruno ROY

Jacques Zappa

«Né à Montréal en 1943, je fis mes principales études à Rigaud, puis à Montréal où je termine une thèse de maîtrise en études littéraires (UQAM). Je partage mon temps entre l'enseignement et l'écriture, ce qui, à l'instar de plusieurs écrivains, n'a rien d'original.

Exclusivement pensionnaire jusqu'à l'âge de 21 ans (Mont-Providence, Orphelinat St-Georges, Collège Louis-Querbes), ce n'est qu'à l'âge de 15 ans que j'entrepris des études, d'abord élémentaires, puis secondaires. Au terme inusité de ce périple académique, j'ai mis un an à me chercher, accomplissant diverses tâches toutes éloignées de mes intérêts véritables: vendeur, plongeur, journalier dans une usine de papier, commis de bureau à Radio-Canada, etc... Chez les Clercs de Saint-Viateur (Joliette), j'optai pour une vie faite de générosité et d'absolus devenus vite relatifs. Julien Green engagea ma propre «révolution tranquille»: «C'est par le péché que j'ai retrouvé l'humanité».

Mes expériences de camps de vacances (socio-affectifs et délinquants) m'ont apporté une vision plus globale de la personne. Je ne m'étonne pas que l'enseignement de la littérature soit pour moi un lieu privilégié de communication. Aujourd'hui, père de jumelles, Catherine et Isabelle, marié à Luce Michaud (de Baker Brook, Nouveau-Brunswick), je poursuis une tâche d'enseignant au niveau secondaire et au niveau universitaire.

Mieux connu pour mes essais sur la chanson québécoise, je touche, par mes écrits, à d'autres genres, plus particulièrement la poésie et le roman. Je dois certes à Roger Rolland ce «goût général des lettres», mais les poètes de l'Hexagone ont marqué profondément ma vision de l'écriture.

Bref, la somme de mes expériences pédagogiques et littéraires me dispose à poursuivre dans cette voie de l'écriture, tant il est vrai que «le langage figuratif est seul créateur» (Jakobson).»

B.R.

Panorama de la chanson au Québec. Coll. «Les Beaux-Arts», Montréal, Leméac, 1977. 169 p.
Et cette Amérique chante en québécois. Montréal, Leméac, 1978.

À Madame et à Monsieur le Maire
Arthur Rousseau,
dont l'influence bienfaisante couvre aussi
le domaine des lettres et des arts, j'offre
ce poème de douleur et d'amour où
leur sens de la vie, leur épreuve des
hommes trouveront un écho fraternel.

LES SOIRS ROUGES

Clément Marchand

Dédicace de Clément Marchand à Madame
et Monsieur le Maire Arthur Rousseau de
Trois-Rivières.
Bibliothèque Anaïs Allard-Rousseau,
Archives nationales du Québec.

Gabrielle ROY

Gabrielle Roy est née le 22 mars 1909 à St-Boniface au Manitoba. Elle fait ses études à l'Académie St-Joseph et devient institutrice (1929-37), avant de faire un séjour de deux ans en France et en Angleterre où elle étudie l'art dramatique. De 1939 à 1945, elle est journaliste au Québec et collabore à de nombreuses publications. Son premier roman, **Bonheur d'occasion**, lui a valu le Prix Femina (1947), une mention de la Literary Guild (U.S.A.), la Médaille de l'Académie canadienne-française, le Prix du Gouverneur général et la Médaille Lorne Pierce. De nombreuses autres récompenses littéraires ont couronné son œuvre dont, pour mémoire, les Prix Duvernay, David et Molson.

Avec discrétion et ténacité, elle élabore depuis plus de trente ans une œuvre extrêmement personnelle, en dehors des modes et des courants dominants et cependant toujours très bien accueillie par le public et la critique, aussi bien au Québec qu'à l'étranger.

Gabrielle Roy est membre d'honneur de l'Union des écrivains québécois.

Bonheur d'occasion, roman. 2 vol., Montréal, Société des Éd. Pascal, 1945. 532 p.

The Tin Flute, roman. Trad. anglaise de Hannah Josephson, (titre original **Bonheur d'occasion**), New York, Reynal and Hitchcock, 1947. 315 p.

La petite poule d'eau, roman. Montréal, Beauchemin, 1950. 272 p.

Alexandre Chenevert, roman. Montréal, Beauchemin, 1954. 373 p.

Rue Deschambault, roman. Montréal, Beauchemin, 1955. 260 p.

The Cashier, roman. Trad. anglaise de Harry L. Binsse, (titre original: **Alexandre Chenevert**), Toronto, McClelland and Stewart, 1955. 251 p.

Street of Riches, roman. Trad. anglaise de Harry L. Binsse, (titre original: **Rue Deschambault**), Toronto, McClelland and Stewart, 1957. 264 p.

La montagne secrète, roman. Montréal, Beauchemin, 1961. 222 p.

The Hidden Mountain, roman. Trad. anglaise de Harry L. Binsse, (titre original: **La montagne secrète**), Introd. de Malcolm Ross, Toronto, McClelland and Stewart, 1962. 186 p.

La route d'Altamont, roman. Montréal, HMH, 1966. 216 p.

The Road Past Altamont, roman. Trad. anglaise de Joyce Marshall, (titre original: **La route d'Altamont**), Toronto, McClelland and Stewart, 1966. 146 p.

Where Nests the Water Hen, roman. Trad. anglaise de Harry L. Binsse, (titre original: **La petite poule d'eau**), Introd. de Gordon Roper, Toronto, McClelland and Stewart, 1968. x-160 p.

La rivière sans repos, roman. Montréal, Beauchemin, 1970. 315 p.

Windflower, roman. Trad. anglaise de Joyce Marshall, (titre original: **La rivière sans repos**), Toronto et Montréal, McClelland and Stewart, 1970. 152 p.

Cet été qui chantait, roman. Ill. en couleur de Guy Lemieux. Québec, Éd. Françaises, 1972. 207 p.

Alexandre Chenevert, roman. Édition révisée, Montréal, Beauchemin, 1973. 384 p.

Un jardin au bout du monde et autres nouvelles. Montréal, Beauchemin, 1975. 217 p.

Enchanted Summer, roman. Trad. anglaise de Joyce Marshall, (titre original: **Cet été qui chantait**), Toronto, McClelland and Stewart, 1976. 125 p.

Fragiles lumières de la terre, écrits divers 1942/1970. Montréal, Quinze, 1976. 240 p.

Ma vache Bossie, contes pour enfants. Ill. en couleur de Louise Pomminville. Montréal, Leméac, 1976. 45 p.

Ces enfants de ma vie, roman. Montréal, Éd. Int. A. Stanké, 1977. 212 p.

Garden in the Wind, nouvelles. Trad. anglaise de Alan Brown, (titre original: **Un jardin au bout du monde**), Toronto, McClelland and Stewart, 1977.

Jean-Yves ROY

Kèro

«Écrire un livre à peine et, d'entrée de jeu, l'intituler: **Être psychiatre**, c'est assez bien montrer, je pense, l'incertitude qui guide une existence. C'est, en tout cas, prendre alibi d'une profession ou d'une lecture du monde pour éviter, peut-être, le risque de sa nudité. Mais c'est aussi et néanmoins tenter de rendre compte d'une existence où l'homme, le soignant et l'écrivant cherchent à cohabiter.

S'il m'arrive d'y réfléchir, il me faut constater que cette vie qui est la mienne se marque, depuis le départ, d'une telle ambiguïté. L'écriture, découverte à la fin de mes études classiques, s'y est souvent manifestée comme une tentative de réconciliation entre une condition humaine questionnante et divers discours institutionnalisés où l'homme, en définitive, se reconnaît très mal. Au moment de ma formation en psychiatrie, par exemple, on m'offrait volontiers la possibilité de devenir chercheur. C'est-à-dire d'accéder à un discours savant pour m'entretenir du phénomène humain. Je crois que, si j'ai bifurqué, c'est par besoin, par une espèce de nécessité que je ressens personnellement de maintenir avec la théorie une distance respectueuse. Et, quand l'homme, désormais, parle de son métier de thérapeute, c'est à titre d'essayiste qu'il le fait.»

J.-Y. R.

Être psychiatre, essai. Montréal, l'Étincelle, 1977. 136 p.

Jean-Yves ROY

Né à Notre-Dame de Lévis en 1940, détenteur d'un brevet A de l'École Normale de Laval, Jean-Yves Roy est professeur au niveau élémentaire par vocation. Sa classe, dit-il, est «un petit laboratoire où les mots prennent corps et vie». Il fit deux séjours en France, l'un comme conférencier invité à l'École Normale de Mérici, l'autre, de septembre 1972 à mai 1973, comme animateur d'ateliers de création au Foyer culturel de Viguier (Carcassonne). Il participe régulièrement à des entretiens-rencontres avec les étudiants de divers collèges.

À plein corps, poésie. Québec, Garneau, 1970. 100 p.
J'ai ma terre en tête, poésie. Paris, Éd. Saint-Germain-des-Prés, 1973. 56 p.

Jean ROYER

Kèro

Né en 1938 près de Québec, Jean Royer a été animateur du groupe des Poètes sur parole de 1969 à 1971. Il a aussi participé à la Nuit de la poésie au Gésu en 1970, à la Nuit des poètes du Galendor en 1971, aux journées de Poésie de Rodez en France en 1975 et au Solstice de la poésie québécoise à Montréal en 1976. Journaliste, il a publié un choix de ses entretiens avec les écrivains québécois sous le titre **Pays intimes — entretiens 1966-1976**. Il est actuellement directeur du Cahier des arts et lettres au **Devoir** et chroniqueur littéraire à **La nouvelle barre du jour** et à Radio-Canada MF. Jean Royer publiera bientôt deux nouveaux livres: **Faim souveraine** et **Les heures nues**.

À patience d'aimer, poésie. Québec, Éd. de l'Aile, 1966. 82 p.
Nos corps habitables, poésie. Sillery, Éd. de l'Arc, 1969. 102 p.
La parole me vient de ton corps suivi de **Nos corps habitables: poèmes 1969-1973**. Ill. de Muriel Hamel. Montréal, Nouvelles éd. de l'Arc, 1974. 126 p.
Pays intimes: entretiens 1966-1976, essai. Montréal, Leméac, 1976. 242 p.

André
ST-GERMAIN

André St-Germain, né à Aston Jonction en 1944, est bachelier ès arts du Collège Sainte-Marie et licencié en lettres de l'Université Laval (1968). Il a été critique littéraire au **Carabin** et directeur de la revue littéraire **La tourmente**. André St-Germain enseigne actuellement le cinéma au CEGEP de Saint-Jérôme.

Sens unique. Montréal, chez l'auteur, 1969. 37 p.
Chemin de desserte. Montréal, chez l'auteur, 1973. 46 p.
Tryptique. Montréal, Nouvelles éd. de l'Arc, 1973. 87 p.

Fernande
SAINT-MARTIN

Kèro

Née à Montréal en 1927, Fernande Saint-Martin a poursuivi ses études à l'Université de Montréal (baccalauréat en sciences médiévales, 1947, et baccalauréat en philosophie, 1948) et à l'Université McGill (B.A. études françaises 1951 et M.A., 1952). Plus tard, en 1973, elle obtiendra un doctorat ès lettres de l'Université de Montréal. Journaliste et critique d'art, elle a dirigé les pages féminines de **La Presse** avant de devenir la première rédactrice en chef du magazine **Châtelaine**. Membre de l'Académie canadienne-française, elle a collaboré à de nombreuses revues dont **Liberté** et **Vie des Arts**. Fernande Saint-Martin a été directrice du Musée d'art contemporain de 1972 à 1977.

La littérature et le non-verbal, essai. Montréal, Éd. d'Orphée, 1958. 195 p.
La femme et la société cléricale. Coll. «MLF», Montréal, (s. éd.), no 4, 1967. 16 p.
Structures de l'espace pictural, essai. Montréal, HMH, 1968. 172 p.
Samuel Beckett et l'univers de la fiction, essai. Montréal, PUM, 1976. 271 p.

Félix-Antoine
SAVARD

Kèro

C'est à Québec que naît le 31 août 1896
Félix-Antoine Savard. Il passe cependant sa
jeunesse dans la région du Lac Saint-Jean
où sa famille s'établit. Il fait ses études
classiques au Séminaire et ses études théologiques au Grand Séminaire de Chicoutimi.
Il est ordonné prêtre en 1922. Félix-Antoine Savard a été d'abord enseignant. Il
connaît ensuite, brièvement, la vie monasti-
que chez les Bénédictins, puis le ministère
paroissial. Il sera, entre autres, très actif
dans la colonisation de l'Abitibi. Son premier livre, **Menaud maître-draveur** (1937),
marque avec fracas son entrée dans la littérature; ce roman sera couronné en 1945
par l'Académie française et, en 1961, par le
Prix du Grand Jury des lettres. D'autres
prix soulignent la qualité de ses œuvres: la
Médaille Lorne Pierce en 1945 pour **L'abatis**, le Prix Duvernay 1948 pour **La minuit**,
le Prix du Gouverneur général en 1960
pour le **Le barachois** et enfin le Prix David
1968. Félix-Antoine Savard a été longtemps
rattaché à l'Université Laval: comme professeur de littérature française, comme doyen
de la faculté des lettres, comme fondateur
(avec Luc Lacourcière) des Archives de fol-
klore. Ses enquêtes ethnologiques lui auront
permis d'accumuler une riche documentation en tradition populaire qui alimente son
œuvre. Félix-Antoine Savard est membre de
la Société Royale du Canada; il a été président de la Société du bon parler français
(1950-1955) et président de la Société de
géographie du Québec; il est aussi membre
de l'Académie canadienne-française depuis
1955. Il a été boursier du Ministère des
Affaires culturelles et de la John Simon
Guggenheim Memorial Foundation; il a
reçu un doctorat honorifique de l'Université
de Montréal. Mentionnons enfin qu'il est le
fondateur de la Papeterie Saint-Gilles qui se
spécialise dans le papier fait main et qui est
située au cœur du comté de Charlevoix
auquel l'auteur de **Menaud** demeure si profondément attaché; l'extraordinaire papier
qui sort de cet atelier constitue sans doute le
plus bel exemple de la qualité de son œuvre, dans tous les sens qu'il faut donner à ce
mot. Félix-Antoine Savard est membre
d'honneur de l'Union des écrivains québécois.

Menaud, maître-draveur, roman. Québec,
Garneau, 1937. 271 p.

L'abatis, poèmes. Dessins d'André Morency.
Montréal, Fides, 1943. 209 p.

Boss of the River, roman. Trad. anglaise de
Alan Sullivan, (titre original: **Menaud,
maître-draveur**), Toronto, Ryerson Press,
1947. vii-131 p.

La minuit, roman. Montréal, Fides, 1948.
177 p.

Le barachois, roman. Montréal et Paris,
Fides, 1959. 207 p.

Martin et le pauvre, nouvelle. Montréal et
Paris, Fides, 1959. 61 p.: ill.

La folle, drame lyrique. Montréal et Paris,
Fides, 1960. 91 p.

La dalle des morts, drame. Préf. de l'auteur,
Montréal et Paris, Fides, 1965. 153 p.: ill.

Symphonie du miséréor, poésie. Ottawa,
PUO, 1968. 43 p.: ill., fac-sim.

L'abatis, poèmes (version définitive). Dessins d'André Morency. Montréal, Fides, 1969. 168 p.

Le bouscueil, poésie et prose. Montréal, Fides, 1972. 249 p.

La roche Ursule, poésie. Lithographies en couleur de Sabine Allard. Québec, S. Allard, 1972. 12 f. dans une chemise.

Journal et souvenirs. Tome I: **1961-1962**. Montréal, Fides, 1973. 222 p.

Aux marges du silence, poèmes. Avec dix gravures de Monique Charbonneau, emboîtage de Pierre Ouvrard. Châteauguay, Éd. M. Nantel, 1974. 1 portefeuille (127 p., 10 f. de planches en coul.).

Journal et souvenirs. Tome II: **1963-1964**. Montréal, Fides, 1975. 261 p.

Discours. Prés. de Luc Lacourcière, Montréal, Fides, 1975. 154 p.

Discours d'un vieux sachem huron à l'occasion des fêtes du tricentenaire du diocèse de Québec. Lacolle, Éd. M. Nantel, 1975. 1 portefeuille.

Master of the River, roman. Trad. anglaise, (titre original: **Menaud, maître-draveur**), Montréal, Harvest House, 1976. 135 p.

Sylvie SICOTTE

Kèro

«Un critique et poète (S. Paradis, in **Livres et auteurs canadiens 1968**) écrivait de mon premier livre: «À ma première lecture de **Pour appartenir**, j'ai été frappée par tout ce que cette poésie véhiculait de féminité affirmée, par la présence presque sexuelle de la Femme surgissant du poème sans pudeur, sans artifices non plus...» Il énonçait très justement la tension fondamentale de ma vie et de mon écriture, les deux étant pour moi intérieurement reliés, m'exprimer à partir d'un point central en moi, quel qu'il soit.

La parole jusque là m'était apparue sacrée, paternelle. Elle n'était pas encore fraternelle. Certains littérateurs au contraire abusaient du mot «femme» tout en le vidant de sa substance, en le réduisant à une forme vague, tour à tour image pieuse ou terre neuve à labourer sur laquelle ils se dressaient, seuls vainqueurs. Il fallait trouver la sororité et la fraternité en même temps que l'amitié et l'amour.

Alors je me suis aventurée dans le jeu théâtral, dans le journalisme, dans la maternité et entre les lignes de cinq livres. Sans oublier la lune et les étoiles. Et **L'Arbre**... en nature et en poésie. Amoureuse de la couleur, j'ai voyagé en Afrique et j'ai exploré la réalité amérindienne, **Femmes de la forêt**, image actuelle de la vie sauvage en chacun de nous. J'ai compris que nous cherchions tous un équilibre entre le sable et l'asphalte, entre les broussailles et l'ordinateur.

Entre temps nous avons eu la télévision, ce médium des masses, où je retrouve, dilués, mes poèmes de l'**Infrajour** dits **Sur la pointe des dents** et où j'ai essayé de souffler un peu d'air frais avec un «Scénario», **Entre le soleil et l'eau**.»

S.S.

Pour appartenir, poésie. Ill. de Sonia Waldstein. Montréal, Déom, 1968. 109 p.

Infrajour, poésie. Montréal, Déom, 1973. 121 p.

Femmes de la forêt, poésie. Montréal, Leméac, 1975. 121 p.

L'arbre dans la poésie de Rina Lasnier, essai. Sherbrooke, Éd. Cosmos, 1977. 110 p.: portr.

Sur la pointe des dents, poésie. Tirage de tête comprenant une eau-forte de Francine Beauvais. Paris, Éd. Saint-Germain-des-Prés, 1978. 85 p.

Patrick STRARAM LE BISON RAVI

Tiny Van Dyk

Curriculum vitæ: ensemble des indications relatives à l'état civil, aux capacités, aux diplômes et aux activités passées d'une personne. Des écrivains savent-ils lire, **mot à mot** (il n'y a pour moi d'écrivain que celui pour lequel chaque mot compte), qui me refusent parce que trop longues trois premières notes biographiques (de 100, puis 80, puis 66 lignes), ou quel **sens** a l'entreprise d'un catalogue «au service» des écrivains qui en «informerait» au moyen de slogans pour supermarché ou de fiches d'anthropométrie judiciaire?

La consommation du Même empêche d'être. Si je vis, c'est pour en jouir. Je n'y peux aspirer qu'**ex-centrique**, nommant les **différences** avec lesquelles je fais mon être (et en incite d'autres à faire le leur). L'écriture marchandée selon les règles du Même, comment y consentirais-je, quand je tiens l'écriture pour l'acte même en le nommant de faire un être différent, seule résistance à l'ordre établi pour empêcher que la femme et l'homme soient et en jouissent?

Quatrième note. Il n'y en aura pas d'autres.

«Je parle de moi d'abord parce que je me comprends.» Gilles Hénault. «J'écoute ce qui parle par moi, ce qui me traverse — je travaille à nommer toutes les voix qui font ma voix.» Philippe Haeck.

1934. L'année des émeutes de la Droite le 6 février, de «L'Atalante» de Jean Vigo, de «Twentieth Century» (un train) de Howard Hawks, du mariage de Malcolm Lowry avec Jan Gabrial, la Yvonne de «Au-dessous du volcan», de «Le marteau sans maître» de René Char, de «Le viol» de René Magritte, du premier enregistrement le 10 janvier de «Solitude» par Duke Ellington et de la création le 13 janvier de «Octandre» de Edgar Varèse, l'année que Boris Vian achète sa première trompette à l'âge de 14 ans, naissance à Paris le 12 janvier (un 12 janvier comme en 1876 Jack London, qui écrit: «La fonction le propre de l'homme, ce n'est pas d'exister, c'est de vivre.» / le 12 janvier 1898 Émile Zola écrit «J'accuse»).

Quatre désirs/projets d'enfant: conduire des trains, faire une carrière de coureur cycliste, être un batteur de jazz, écrire — le quatrième se concrétise.

Depuis? Depuis j'écris, comme je vis, des moments/événements où concordent **lyrisme** et **critique**, l'expression exposition du je dans son rapport à l'autre, au monde. Incitant comme j'y tends à se consumer au lieu de consommer. **Question de style, selon une morale**.

On peut lire dans «Liberté» 120, novembre/décembre 1978, «Variations sur un thème, où je dis comment, pourquoi et avec qui j'aime Thérèse la Louve ironique et Dyne Mousso la Déesse-qui-se-Marre / la Délirante Magistrale au parc DeLorimier». On peut écouter «Blues clair», le samedi et le dimanche de 22 à 23 heures, CBF/FM, Radio-Canada. Du jazz à la musique afro-américaine, en rapport avec autres musiques, autres arts, dans l'Histoire, dans ma vie quotidienne, à Montréal, Québec. Sur la musique thème par Django Reinhardt: «Phrase pour mettre en situation les musiques que j'aime / «Il vaut mieux exposer ses contradictions que dire le Même ou ne rien dire.» Jean-Luc Godard. «Un auteur qui n'apprend rien aux écrivains n'apprend rien à personne.» Walter Benjamin parlant Bertolt Brecht. «Il n'y a pas une grande œuvre qui n'ait été une accusation du monde, un procès que l'homme faisait à son état.» Paul Nizan. Et je nomme les musiques que je donne à entendre en me parlant, que le lien soit compris et incite chacune et

chacun à faire son être entre ces musiques et celui-ci qui parce que celui-ci les choisit, qui le font celui-ci, le plus personnel quand il se situe avec citations. Simone de Beauvoir, Marguerite Duras, Madeleine Gagnon, Annie Leclerc, Denise Boucher, Sylvie Gagné, France Théoret, Chantal Ackerman. Montaigne et Nietzsche, Rimbaud et Sartre. Musiques. Paroles. Vibrations. Écoutes. Mise en ondes: Claude Ouellet. Choix des disques et au micro: Patrick Straram le Bison ravi

en train d'être en train vers où être, Québec..., sous forme de journal tabloïd. Montréal, L'obscène nyctalope éditeur, 1971. 28 p.: 112 ill.

one + one / cinémarx & rolling stones. Montréal, Les herbes rouges, 1971. 109 p., plus index.

Gilles cinéma Groulx le Lynx inquiet 1971. Avec Jean-Marc Piotte Pio le fou, Montréal, Cinémathèque Québécoise et Éditions Québécoises, 1971. 142 p.: 108 ill., fac-sim.

irish coffees au No Name bar & vin rouge Valley of the Moon. Montréal, L'obscène nyctalope éditeur et Éd. de l'Hexagone, 1972. 251 p.: 84 ill.

4 x 4. Montréal, Les herbes rouges, 1974. 66 p.: 36 ill.

Questionnement socra/cri/tique. Coll. «Écrire», Montréal, l'Aurore, 1974. 263 p.: 56 ill.

Portraits du voyage. Avec Madeleine Gagnon et Jean-Marc Piotte, Coll. «Écrire», Montréal, l'Aurore, 1975. 96 p.

La faim de l'énigme. Coll. «L'Amélanchier», Montréal, l'Aurore, 1975. 170 p.

Bribes 1 / pré-textes & lectures. Coll. «Écrire», Montréal, l'Aurore, 1975. 150 p.: 71 ill.

Bribes 2 / le bison ravi fend la bise. Montréal, l'Aurore, 1976. 96 p.: 24 ill.

Jean-Yves THÉBERGE

Kèro

Jean-Yves Théberge, né à Saint-Mathieu, comté de Rimouski, en 1937, est bachelier ès arts et bachelier en sciences sociales de l'Université d'Ottawa et il détient un brevet A de l'Université du Québec à Montréal. Conseiller pédagogique à la Commission scolaire régionale Honoré Mercier et chargé de cours à l'Université de Sherbrooke, il est également membre du Conseil d'administration du Conseil régional de la rive sud et président de la Bibliothèque centrale de prêt pour la région sud de Montréal. Ses activités littéraires dans la région sont nombreuses: cofondateur des Éditions Mille Roches, il est chroniqueur au **Canada français** depuis plusieurs années et poursuit des recherches historiques sur son coin de pays.

Entre la rivière et la montagne, poésie. Montréal, Éd. du Jour, 1969. 76 p.

Escale à Percé. Dessins en coul. de Robert Lavail. St-Jean, Éd. du Richelieu, 1970. 16 p.

La glace est rompue. Dessins en coul. de Robert Lavail. St-Jean, Éd. du Richelieu, 1970. 16 p.

N'est pas bûcheron qui veut. Dessins en coul. de Robert Lavail. St-Jean, Éd. du Richelieu, 1970. 16 p.

Sentinelle de choc. Dessins en coul. de Robert Lavail. St-Jean, Éd. du Richelieu, 1970. 16 p.

Touriste déçu. Dessins en coul. de Robert Lavail. St-Jean, Éd. du Richelieu, 1970. 16 p.

Trappeur sans peur. Dessins en coul. de Robert Lavail. St-Jean, Éd. du Richelieu, 1970. 16 p.

Histoire de l'homme; guide à l'intention des maîtres. En coll. avec Yves Choquette et Ronald Tougas, (s.l.), Éd. du Renouveau pédagogique, 1971. 76 p.: ill.

Saison de feu, poésie. Montréal, Éd. du Jour, 1972. 68 p.

Terre de Québec. En coll. avec Marcel Colin, (s.l.), Éd. du Renouveau pédagogique, 1972. 69 p.: ill.

Tout au long du fleuve. Photo. de René Derome. En coll. avec Marcel Colin, (s.l.), Éd. du Renouveau pédagogique, 1973. 67 p.

Marche à l'amour. Photo. de Jean-Paul Coulombe. En coll. avec Marcel Colin, (s.l.), Éd. du Renouveau pédagogique, 1976. 83 p.

Bibliographie du Haut-Richelieu. Saint-Jean, Service des moyens d'enseignement, Commission scolaire régionale Honoré-Mercier, 1978. 86 p.

À pied dans le vieux Saint-Jean. En coll. avec Roch Tanguay, Saint-Jean, Éd. Mille Roches, 1978. 119 p.

De temps en temps., poésie. Saint-Lambert, Éd. du Noroît, 1978.

France
THÉORET

Kèro

La nef des sorcières («L'échantillon»), théâtre. En coll., Montréal, Quinze, 1976.
Bloody mary. Montréal, Les herbes rouges, 1977.
Une voix pour Odile. Montréal, Les herbes rouges, 1978. 76 p.
Vertiges. Montréal, Les herbes rouges, 1979.

France Théoret fait partie de cette génération de jeunes femmes que le mouvement féministe des années soixante-dix a profondément marquées et qui se sont engagées dans une action collective aux multiples manifestations.

Tout en travaillant à l'obtention d'une licence ès lettres (1968) puis d'une maîtrise ès arts (1977) à l'Université de Montréal — travaux auxquels s'ajoutent des études en sémiologie et en psychanalyse, à Paris, entre 1972 et 1974 — elle participe, de 1967 à 1969, à la direction de la revue **La barre du jour**, puis à la fondation du journal féministe **Les têtes de pioche**, en 1976. Elle donne, en 1975, une communication remarquée à la Rencontre québécoise internationale des écrivains dont le thème était «La femme et l'écriture», signe l'un des textes de la pièce collective **La nef des sorcières**, créée au Théâtre du Nouveau Monde en 1976, participe à la Conférence des femmes écrivains du continent américain, à Ottawa, en 1978. Professeur au département de français du CEGEP Ahuntsic depuis septembre 1968, France Théoret collabore régulièrement à plusieurs revues: **La nouvelle barre du jour, Stratégie, Chroniques, Liberté, Interprétation, Les cahiers de la femme, Change** (Paris), **Sorcières** (Paris), **Exile** (Toronto), **Room of one's own** (Vancouver).

Yves THÉRIAULT

Kèro

Né le 28 novembre 1915 à Québec, Yves Thériault commence à travailler très jeune. Ses premiers métiers, trappeur, conducteur de camions, vendeur de fromage puis de tracteurs et speaker à la radio, le conduisent dans les différentes régions du Québec. Dans les années quarante, il travaille à l'Office national du film et ensuite à Radio-Canada comme scripteur. Yves Thériault fera plus tard le tour du monde; il séjournera, notamment, à Paris (le Ministère des Affaires culturelles de France lui ayant accordé une bourse) et en Italie; en 1961, il sera l'invité du Gouvernement soviétique au Festival international du film de Moscou. De descendance montagnaise, il a assumé pendant quelques années la direction des Affaires culturelles au Ministère des Affaires indiennes à Ottawa. Yves Thériault a connu aussi et surtout à peu près toutes les facettes du métier d'écrivain. Son œuvre a contribué à fonder et à enrichir la littérature québécoise; elle a été couronnée de plusieurs prix dont le Prix de la province de Québec pour son roman **Aaron**, le Prix

France-Canada et le Grand Prix de la province de Québec pour **Agaguk**, le Prix du Gouverneur général pour **Ashini** et le Prix Molson 1971. Son roman **Agaguk** a été traduit dans plus de vingt langues et a permis de faire connaître la littérature du Québec à travers le monde. L'écrivain lui-même travaille sans cesse à donner à nos livres le statut qu'ils méritent. Yves Thériault est membre d'honneur de l'Union des écrivains québécois.

Contes pour un homme seul. Montréal, Éd. de l'Arbre, 1944. 195 p.
La fille laide, roman. Montréal, Beauchemin, 1950. 223 p.
Le dompteur d'ours, roman. Montréal, CLF, 1951. 188 p.
Les vendeurs du temple, roman. Québec, ILQ, 1951. 263 p.
Aaron, roman. Québec, ILQ, 1954. 163 p.
Agaguk, roman. Québec, ILQ, 1958. 298 p.
Ashini, roman. Montréal, Fides, 1960. 173 p.
L'homme de la papinachois. Couv. et ill. de Georges Lauda. Montréal, Beauchemin, 1960. 62 p.
Amour au goût de mer, roman. Montréal, Beauchemin, 1961. 132 p.
Cul-de-sac, roman. Québec, ILQ, 1961. 223 p.
Les commettants du Caridad, roman. Québec, ILQ, 1961. 300 p.
Séjour à Moscou, essai. Montréal, Fides, 1961. 192 p.
Le vendeur d'étoiles, nouvelles. Montréal, Fides, 1961. 125 p.
Nakika, roman pour les jeunes. Montréal, Leméac, 1962. 23 p.
Si la bombe m'était contée, nouvelle. Montréal, Éd. du Jour, 1962. 124 p.
Le grand roman d'un petit homme. Montréal, Éd. du Jour, 1963. 143 p.
Agaguk, roman. Trad. anglaise de M. Chapin, (titre original: **Agaguk**), Toronto, Ryerson Press, 1963.
Le rû d'Ikoué, roman. Montréal, Fides, 1963. 96 p.

La rose de pierre; histoires d'amour, roman. Montréal, Éd. du Jour, 1964. 135 p.

Zibon et Coucou, roman pour les jeunes. Montréal, Leméac, 1964. 23 p.

La montagne creuse, roman pour les jeunes. Montréal, Lidec, 1965. 140 p.

Le secret du mufjarti, roman pour les jeunes. Montréal, Lidec, 1965. 135 p.

Les temps du carcajou, roman. Québec, ILQ, 1965. 244 p.

Les dauphines de monsieur Yu, roman pour les jeunes. Montréal, Lidec, 1966. 142 p.

Le château des petits hommes verts, roman pour les jeunes. Montréal, Lidec, 1966. 134 p.

Le dernier rayon, roman pour les jeunes. Montréal, Lidec, 1966. 139 p.

L'appelante, roman. Montréal, Éd. du Jour, 1967. 125 p.

La bête à 300 têtes, roman pour les jeunes. Montréal, Lidec, 1967. 118 p.

Les pieuvres, roman pour les jeunes. Couv. de Jean-Paul Ladouceur. Montréal, Lidec, 1967-1968. 127 p.

Kesten, roman. Montréal, Éd. du Jour, 1968. 123 p.

La mort d'eau, roman. Montréal, Éd. de l'Homme, 1968. 116 p.

Le marcheur; pièce en trois actes. Prés. de Rénald Bérubé, Montréal, Leméac, 1968. 110 p.

L'île introuvable, nouvelles. Montréal, Éd. du Jour, 1968. 173 p.

Mahigan, récit. Montréal, Leméac, 1968. 107 p.

N'Tsuk, récit. Montréal, Éd. de l'Homme, 1968. 106 p.

Les vampires de la rue Monsieur-le-Prince. Montréal, Lidec, 1968. 143 p.

Antoine et sa montagne, roman. Montréal, Éd. du Jour, 1969. 170 p.

Le temps du carcajou. Montréal, Éd. de l'Homme, 1969. 244 p.

Tayaout, fils d'Agaguk, roman. Montréal, Éd. de l'Homme, 1969. 158 p.

Textes et documents. Choix des textes, Prés. et documentation de Rénald Bérubé, Montréal, Leméac, 1969. 133 p.

Valérie, scénario. D'après le film québécois «Valérie», réal.: Denis Héroux, Montréal, Éd. de l'Homme, 1969. 123 p.

Fredange, pièce en deux actes suivi de **Les terres neuves**, pièce en deux actes. Introd. de Guy Beaulne, Montréal, Leméac, 1970. 146 p.

Le dernier havre, roman. Montréal, l'Actuelle, 1970. 142 p.

La passe-au-crachin, roman. Montréal, R. Ferron, 1972. 156 p.

Ashini, roman. Trad. anglaise de Gwendalyn Moore, (titre original: **Ashini**), Montréal, Harvest House, 1972. 134 p.

N'Tsuk, roman. Trad. anglaise de Gwendalyn Moore, (titre original: **N'Tsuk**), Montréal, Harvest House, 1972. 110 p.

Histoire de Lavaltrie en bref, de Jean C. Hétu. **Les amours de Guillemette**, d'Yves Thériault. Lavaltrie, R. Pelletier. 1972. 98 p.: ill., portr.

Agaguk, syn eskymackeho nacelnika, roman. Trad. tchécoslovaque, Préf. d'Eva Janovcova, Prague, Ed. Spirala, 1972. 254 p.

Le haut pays, roman. Montréal, R. Ferron, 1973. 111 p.

Kesten and Cul-de-sac, romans. Trad. anglaise de Gwendalyn Moore, (titres originaux: **Kesten** et **Cul-de-sac**), Toronto, Clarke, Irwin & Co., 1973.

Agoak: l'héritage d'Agaguk, roman. Montréal, Éd. Int. A. Stanké/Quinze, 1975. 236 p.

Œuvre de chair, contes. Ill. de Louisa Nicol. Montréal, Éd. Int. A. Stanké, 1975. 170 p.: ill.

Moi, Pierre Huneau, narration. Ill. de Louisa Nicol. Montréal, HMH, 1976. 135 p.: ill.

Adrien THÉRIO

Kéro

«Adrien Thério est né en 1925 à St-Modeste, à quelques milles de Rivière-du-Loup. Élevé au Chemin Taché de St-Cyprien (comté de Rivière-du-Loup). Études primaires au Chemin Taché. Études secondaires au Collège St-Alexandre de Limbour et au Séminaire de Rimouski. Termine son baccalauréat ès arts à l'Université d'Ottawa en 1950. Maîtrise ès arts en littérature française, Université Laval, 1951. Doctorat avec spécialisation en littérature française (Laval) en 1952.

En 1953-54, va étudier la littérature américaine à l'Université Harvard avec une bourse de la Rockefeller Foundation. Enseigne au Collège Bellarmin à Louisville, Kentucky, de 1954 à 1965, à l'Université Notre Dame, Indiana, de 1956 à 1969. En même temps que son enseignement, il prépare et obtient en 1959, à Notre Dame, une maîtrise en sciences politiques.

Enseigne au University College de l'Université de Toronto en 1959-1960. Puis, de 1960 à 1969, au Royal Military College de Kingston, Ontario, où il est directeur du département de français de 1962 à 1969. En 1969, il passe à l'Université d'Ottawa où il enseigne depuis au département de lettres françaises.

En 1961, il avait fondé la revue **Livres et auteurs québécois** qu'il a dirigée jusqu'en 1973. Cette revue est maintenant publiée par l'Université Laval. En 1976, il fondait **Lettres québécoises**, un magazine d'actualités littéraires qui paraît quatre fois par an.»

A.T.

Les brèves années, roman. Montréal, Fides, 1953. 171 p.

Jules Fournier, journaliste de combat, étude. Montréal, Fides, 1954. 244 p.: ill.

Jules Fournier. Textes choisis et présentés par Adrien Thério, Montréal, Fides, 1957. 92 p.: ill.

Contes des belles saisons, récits pour adolescents. Montréal, Beauchemin, 1958. 109 p.: ill.

La soif et le mariage, roman. Montréal, CLF, 1960. 222 p.

Flamberge au vent, roman pour adolescents. Couv. et ill. de Pierre Peyskens. Montréal, Beauchemin, 1961. 136 p.

Mes beaux meurtres, nouvelles. Montréal, CLF, 1961. 185 p.

Le printemps qui pleure, roman. Montréal, Éd. de l'Homme, 1962. 127 p.

Un yankee au Canada. Trad. de l'œuvre de Henry David Thoreau, (titre original: **A Yankee in Canada**), Montréal, Éd. de l'Homme, 1962. 143 p.

Ceux du Chemin-Taché, contes. Montréal, Éd. de l'Homme, 1963. 164 p.

Les renégats, pièce en trois actes et cinq tableaux. Montréal, Éd. Jumonville, 1964. 127 p.

Mon encrier, de Jules Fournier, édition de textes. Introd. d'Adrien Thério, Préf. d'Oliva Asselin, Montréal, Fides, 1965. 350 p.: portr.

Le mors aux flancs, roman. Montréal, Éd. Jumonville, 1965. 199 p.

Soliloque en hommage à une femme, roman. Montréal, CLF, 1968. 161 p.

L'humour au Canada français, anthologie. Montréal, CLF, 1968. 290 p.: portr.

Conteurs canadiens français; époque contemporaine, anthologie. Montréal, Déom, 1968. 322 p.

Conteurs canadiens-français; époque contemporaine. 2e édition augmentée, Montréal, Déom, 1970. 377 p.

Un païen chez les pingouins, récit. Montréal, CLF, 1970. 153 p.

Les fous d'amour, roman. Montréal, Éd. Jumonville, 1973. 212 p.

La colère du père, récit. Montréal, Éd. Jumonville, 1974. 179 p.

Des choses à dire: journal littéraire 1973-1974 (hors commerce). Montréal, Éd. Jumonville, 1975. 175 p.

Ignace Bourget, écrivain. En coll. avec Donald Smith et Patrick Imbert, Montréal, Éd. Jumonville, 1975. 195 p.

La tête en fête, histoires étranges. Montréal, Éd. Jumonville, 1975. 142 p.

C'est ici que le monde a commencé, récit-reportage. Montréal, Éd. Jumonville, 1978. 326 p.

Le Roi d'Aragon, théâtre. Montréal, Éd. Jumonville, 1979.

Henri TRANQUILLE

Kèro

Né à Montréal le 2 novembre 1916, Henri Tranquille a fait ses études primaires à l'Académie Piché, à Lachine, puis son cours classique au Collège Sainte-Marie (Montréal), de 1930 à 1937. Il a été libraire du 30 octobre 1937 au 26 août 1975. Jean-Claude Trait écrivait à son sujet: «Henri Tranquille, le guide de milliers d'étudiants, le druide de milliers de bouquineurs, l'orienteur de maintes carrières littéraires, et pourtant un homme si simple.» Il a collaboré à la revue **Les Idées** d'Albert Pelletier et au journal **Le Jour** de Jean-Charles Harvey. Henri Tranquille fut également critique littéraire de **La revue populaire** et du magazine **Sept-jours**.

Voir clair aux échecs. Montréal, Éd. de l'Homme, 1972. 175 p.: ill. en coul.

Voir clair aux dames. En coll. avec Gérard Lefebvre, Montréal, Éd. de l'Homme, 1973. 173 p.: ill. en coul.

Visual Chess. Trad. anglaise. (titre original: **Voir clair aux échecs**), Montréal, Habitex, 1973. 175 p.: ill. en coul.

Fins de partie aux dames. En coll. avec Gérard Lefebvre, Montréal, Éd. de l'Homme, 1974. 162 p.: ill.

Parties courtes aux échecs: au plus 15 coups! 200 mats par les blancs après 1. e4. Montréal, Éd. de l'Homme, 1976. 149 p.: ill. en coul.

Lettres d'un libraire I et II. 2 vol., Montréal, Leméac, 1976. 146 p. et 151 p.

Petits problèmes de dames. En coll. avec Gérard Lefebvre, Montréal, La Presse, 1977. 165 p.: ill. en coul.

Michel
TREMBLAY

J.-P. Karsenty

Né à Montréal en 1942, Michel Tremblay a exercé divers métiers jusqu'à ce que sa première pièce **Le train**, écrite en 1959, remporte le 1er Prix du Concours des jeunes auteurs de Radio-Canada en 1964. Depuis cette époque, sa carrière littéraire s'est affirmée avec une régularité, une abondance et une qualité remarquables. Conteur, romancier, adaptateur, scénariste, auteur de comédies musicales, dramaturge pour la radio, la télévision et la scène, il a reçu les prix suivants: «Meilleure création» pour **Les Belles-sœurs** (1970) et pour **À toi pour toujours, ta Marie-Lou** (1972); «Chalmers Award» (en 1973-74-75-76); «Victor Morin» (1974); «Meilleur scénario» au Festival du film canadien (1975); Médaille du Lieutenant-gouverneur de l'Ontario (1976 et 1977). Plusieurs de ses pièces ont été traduites et jouées au Canada, aux États-Unis et en Europe.

Contes pour buveurs attardés. Coll. «Romanciers du Jour», Montréal, Éd. du Jour, 1966. 158 p.

Les belles-sœurs, théâtre. Prés. de Jean-Claude Germain, Montréal, HRW, 1968. 72 p.

La cité dans l'œuf, roman. Montréal, Éd. du Jour, 1969. 181 p.

Lysistrata (d'après Aristophane), théâtre. Coll. «Théâtre canadien», Montréal, Leméac, 1969. 92 p.

En pièces détachées suivi de **La Duchesse de Langeais**, théâtre. Prés. de Jean-Claude Germain, Coll. «Répertoire québécois», Montréal, Leméac, 1970. 94 p.

L'effet des rayons gamma sur les vieux garçons, théâtre. Trad. et adaptation de l'œuvre de Paul Zindel, (titre original: **The Effect of Gamma Rays on Man-in-the-Moon Marigolds**), Montréal, Leméac, 1970. 70 p.

À toi pour toujours, ta Marie-Lou, théâtre. Introd. de Michel Bélair, Coll. «Théâtre canadien», Montréal, Leméac, 1971. 95 p.

... Et Mademoiselle Roberge boit un peu, théâtre. Trad. et adap. de l'œuvre de Paul Zindel, Montréal, Leméac, 1971. 95 p.

Trois petits tours, théâtre. Coll. «Répertoire québécois», Montréal, Leméac, 1971. 64 p.

Demain matin, Montréal m'attend, théâtre. Montréal, Leméac, 1972. 90 p.

C't'à ton tour, Laura Cadieux, roman. Coll. «Romanciers du Jour», Montréal, Éd. du Jour, 1973. 131 p.

Hosanna suivi de **La Duchesse de Langeais**, théâtre. Coll. «Répertoire québécois», Montréal, Leméac, 1973. 106 p.

La grosse femme d'à côté est enceinte, roman. Montréal, Leméac, 1978.

Marie UGUAY

Kèro

«Née le 22 avril 1955 à Montréal. Après avoir publié un premier recueil de poèmes aux Éditions du Noroît en 1976, j'en ai terminé un second, **L'outre-vie**, dont quelques poèmes ont déjà paru en mars 1978 dans le numéro 7 de la revue **Estuaire**. Ce deuxième recueil sortira en septembre 1979, toujours aux Éditions du Noroît et il sera accompagné de 6 photographies de Stéphan Kovacs.»

M.U.

Signe et rumeur, poésie. St-Lambert, Éd. du Noroît, 1976. 80 p.

Photo tirée d'une plaque d'impression.
Fonds d'archives Albert Ferland,
Archives nationales du Québec.

Georges-André VACHON

Kèro

Né à Strasbourg en 1925, licencié en philosophie de l'Université de Montréal et licencié en théologie de l'Université de Louvain, le professeur G.-André Vachon a obtenu son doctorat de l'Université de Paris en 1964. Sa thèse, **Le temps et l'espace dans l'œuvre de Paul Claudel: expérience chrétienne et imagination poétique**, lui a mérité le Prix du Gouverneur général 1966 et le Prix France-Canada 1965. Essayiste et critique, G.-André Vachon collabore à plusieurs revues et émissions radiophoniques. Il est professeur à l'Université de Montréal depuis 1965 et directeur de la revue **Études françaises**.

Le temps et l'espace dans l'œuvre de Paul Claudel: expérience chrétienne et imagination poétique, essai. Paris, Le Seuil, 1965. 455 p.

Les idées politiques des canadiens français, essai. Mémoire dactylographié, Ottawa, Commission Laurendeau-Dunton, 1966. 460 p.

Une tradition à inventer, conférence. Montréal, PUM, 1968. 27 p.

Le surréalisme, notes de cours. Montréal, Librairie de l'Université de Montréal, 1974. 113 p.

Littérature française moderne I: les sources de la modernité: romantisme, symbolisme, surréalisme, recueil de textes. Montréal, Librairie de l'Université de Montréal, 1976. 62 p.

Rabelais tel quel, essai. Montréal, PUM, 1977. 144 p.

Pierre VADEBONCŒUR

Kèro

Permanent syndical à la CSN de 1950 à 1975, mêlé de très près à toutes les luttes ouvrières et politiques de cette époque agitée, Pierre Vadeboncœur est l'un des maîtres à penser du Québec. Les nombreux articles qu'il a publiés, à partir de 1940, dans les journaux et dans des revues telles que **Cité Libre, Parti Pris, Liberté** et **Socialisme**, de même que les textes qu'il a écrits et publiés en tant que militant syndical, ont préparé les grands essais qui, depuis **La Ligne du risque**, en 1963, marquent le cheminement de la pensée sociale au Québec. Pierre Vadeboncœur est actuellement membre du Conseil de la langue française. Deux grands prix ont souligné l'importance de l'homme et de son œuvre: en 1971, le Prix Duvernay, créé par la Société Saint-Jean-Baptiste dans le but, comme on peut le rappeler, «de signaler les mérites d'un compatriote dont la compétence et le rayonnement dans le domaine intellectuel et littéraire servent les intérêts supérieurs de la nationalité canadienne-française», et le Prix David, qui a été décerné en 1976 à l'écrivain Vadeboncœur pour l'ensemble de son œuvre.

La ligne du risque, essai. Montréal, HMH, 1963. 289 p.

L'autorité du peuple, essai. Québec, Éd. de l'Arc, 1965. 132 p.

Lettres et colères, essai. Montréal, Parti Pris, 1969. 81 p.

Un amour libre, récit. Montréal, HMH, 1970. 104 p.

La dernière heure et la première, essai. Montréal, l'Hexagone/Parti Pris, 1970. 78 p.

Indépendances, essai. Montréal, l'Hexagone/Parti Pris, 1972. 179 p.

Un génocide en douce, écrits polémiques, essai. Montréal, l'Hexagone/Parti Pris, 1976. 190 p.

Chaque jour, l'indépendance, recueil d'articles politiques (1977-78). Montréal, Leméac, 1978. 113 p.

Les deux royaumes, essais. Montréal, l'Hexagone, 1978.

Pierre VALLIÈRES

Kèro

Pierre Vallières, né à Montréal en 1938, commence sa carrière de journaliste en écrivant des textes littéraires pour **Le Devoir**. À la même époque, il rencontre Gaston Miron et le groupe de l'Hexagone et fait un séjour en France. Collaborateur à **Cité libre**, il en devient directeur en 1963. Son option politique se précise: après avoir collaboré à **Révolution québécoise**, il rejoint le groupe de **Parti Pris** en 1965 et commence la rédaction des **Nègres blancs d'Amérique**, en 1966, après avoir été arrêté à New-York et déporté au Canada où il fera de la prison préventive de 1966 à 1970. La crise d'octobre éclate et on le détient pour huit mois supplémentaires sous une accusation de sédition (son livre est alors saisi et interdit). Acquitté de toutes les accusations portées contre lui, Pierre Vallières retourne au journalisme et à l'écriture.

Nègres blancs d'Amérique; autobiographie précoce d'un «terroriste québécois», essai. Montréal, Parti Pris, Paris, F. Maspéro, 1968-1969. 542 p., 280 p.

Nègres blancs d'Amérique: autobiographie précoce d'un «terroriste québécois», essai. Nouv. éd. revue et corrigée, Montréal, Parti Pris, 1969. 402 p.

White Niggers of America. Trad. de Joan Pinkham, Londres et New York, Monthly Review Press, 1970.

Negri Bianchi d'America. Trad. de Guilio Stocchi et Savino d'Amico, Milan, Gabrielle Mazzotta Editore, 1971. 276 p.

L'urgence de choisir, essai. Montréal, Parti Pris, 1971. 159 p.

White Niggers of America, essai. Trad. anglaise de Joan Pinkham, (titre original: **Nègres blancs d'Amérique; autobiographie précoce d'un «terroriste québécois»**), Toronto, McClelland and Stewart, 1971. 287 p.

Le procès des cinq; 1er fév. au 12 fév. 1971: Michel Chartrand, Charles Gagnon, Jacques Larue-Langlois, Robert Lemieux, Pierre Vallières, extraits des notes sténographiques du procès. Montréal, Éd. Libération, 1971. 140 p.

Pour un front commun multinational de libération, manifeste. En coll. avec Charles Gagnon, (s.l.), FLQ, 1971. 4 p.

Choose!, essai. Trad. anglaise de Penelope Williams, (titre original: **L'urgence de choisir**), Toronto, New Press, 1972. ix-132 p.: ill., portr.

L'exécution de Pierre Laporte: les dessous de l'opération, essai. Montréal, Éd. Québec-Amérique, 1977. 223 p.: ill., portr.

The Assassination of Pierre Laporte: Behind the October '70 Scenario, essai. Trad. anglaise de Ralph Wells, (titre original: **L'exécution de Pierre Laporte: les dessous de l'opération**), Toronto, J. Lorimer and Co., 1977. 192 p.: ill.

Un Québec impossible, essai. Montréal, Éd. Québec-Amérique, 1977. 171 p.

Les scorpions associés, essai. Montréal, Éd. Québec-Amérique, 1977. 156 p.

Denis VANIER

Kèro

Denis Vanier est né à Longueuil en 1949. Journaliste, recherchiste, scénariste, parolier, traducteur, il est codirecteur de **Hobo/Québec**, critique littéraire à **Mainmise** et reporter à **Attitude**. Plusieurs fois boursier du Ministère des Affaires culturelles et du Conseil des arts, Denis Vanier s'est associé depuis 1963 à différents travailleurs culturels du Québec et d'ailleurs (Gauvreau, Péloquin, Josée Yvon, Ferlinghetti, Sanders, etc.) pour mieux expérimenter les nombreuses facettes de l'écriture. Denis Vanier publiera en 1979 une rétrospective de ses œuvres simultanément chez VLB éditeur et Seghers.

Je, poésie. Montréal, Image et Verbe, 1965.
Pornographie Delicatessen, poésie. Montréal, Estérel, 1969.
Lesbiennes d'acid, poésie. Montréal, Parti Pris, 1972.
Le clitoris de la fée des étoiles, poésie. Montréal, Les herbes rouges, 1974.
The Clitoris of the Fairy of the Stars. Trad. du précédent de Jack Hirschana, San Francisco, Golden Mount Press, 1976.
Comme la peau d'un rosaire, poésie. Montréal, Parti Pris, 1977.
L'odeur d'un athlète, poésie. Montréal, Cul-Q, 1978.

Normande VASIL

Wilfrid Lafrance

Normande Vasil est née à la Baie-Saint-Paul en 1936. Diplômée de l'École normale de Chicoutimi, elle a, par la suite, suivi des cours de philosophie et d'initiation à la sociologie. «Entre des voyages vers les différentes parties du monde, j'ai été enseignante, éducatrice, conférencière, lectrice assidue, animatrice d'émissions éducatives à la télévision communautaire, auteur de chroniques dans les journaux et participante à plusieurs émissions de radio et de télévision.» Elle habite la région du Lac Saint-Jean et participe activement à la vie culturelle de son milieu.

Un pas vers la non-violence, essai. Montréal, Société des Belles-lettres Guy Maheux, 1977. 246 p.

Paul VILLENEUVE

Kèro

Né en 1944, Paul Villeneuve a étudié en sociologie. Il a travaillé dans l'enseignement et à la télévision éducative. «Cherche à se caser quelque part au Québec, dans un endroit accueillant où on lui offrirait du travail dans le domaine de la sociologie ou de la littérature». Paul Villeneuve fera paraître en 1979, aux éditions de l'Hexagone, un recueil de poèmes: **Amérique** suivi de **Trois poèmes d'amour.**

J'ai mon voyage!, roman. Montréal, Éd. du Jour, 1969. 156 p.
Satisfaction garantie, récit. (s.l.), Claude Langevin, 1970. 157 p.
Johnny Bungalow, chronique québécoise, 1937-1963. Montréal, Éd. du Jour, 1974. 400 p.

Hubert WALLOT

Kèro

Né à Valleyfield, en 1945, Hubert Wallot est docteur en médecine de l'Université de Montréal, diplômé en psychiatrie et en *management* de l'Université McGill et détient un M.P.H. (santé publique) de l'Université Harvard. Psychiatre au Centre hospitalier Robert Giffard, il fait également des recherches en organisation des services de santé. Il est président du Comité d'éducation médicale de l'Association médicale du Québec, membre du Comité de planification à long terme de l'Université Harvard et membre du Conseil de l'éducation médicale continue du Québec. Politiquement engagé, il a été président du R.I.N. du comté de Beauharnois en 1964-65. Philosophe, musicien, essayiste, poète, Hubert Wallot fait présentement un stage à Boston.

Épitaphe, poésie. Montréal, Éd., Cosmos, 1972. 72 p.: ill.
L'accès au monde littéraire, ou, **Éléments pour une critique littéraire chez Maurice Merleau-Ponty** précédé de **Une philosophie de la perception**, essai. Sherbrooke, Éd. Naaman, 1977. xiv-135 p.
D'un sexe à l'autre, essai. Sherbrooke. Éd. Naaman, 1978.
Aubes suivi de **Nuages**, poésie. Paris, Éd. La pensée universelle, 1978.

Achevé d'imprimer
en avril mil neuf cent soixante-dix neuf
sur les Presses de l'Imprimerie Gagné Ltée
Louiseville — Montréal

Imprimé au Québec